룸니팅

내 인생 첫 뜨개질,
쉽고 다채로운
룸니팅 작품 35

룸니팅

루시 호핑 지음 | 임윤경 옮김

NOTE

시중에는 다양한 모양과 사이즈의 뜨개룸이 있지만, 이 책에서는 보다 쉽게 접근할 수 있도록 아래 3가지 뜨개룸을 주로 이용하여 작품들을 만들었습니다.

1. 핀의 길이가 각각 ¾인치(18mm), ⅜인치(9mm)인 원형 뜨개룸
2. 핀의 길이가 각각 ¾인치(18mm), ⅜인치(9mm)인 긴 뜨개룸
3. 핀이 훨씬 얇고 길이가 ¼인치(6mm)인 양말 뜨개룸

더 많은 뜨개룸들이 있지만, 책 속 대부분의 작품은 위의 뜨개룸들로 완성할 수 있습니다. 이 책에서 사용한 룸니팅 재료를 찾으려면 126페이지의 구매처들을 참고하세요. (해외 사이트에서 직접 구매하는 경우를 위하여 룸니팅 재료에는 현지 단위를 병기하였습니다. -한국어판 편집부)

Contents

시작하기에 앞서	6
룸니팅 기법	8
바느질 기법	16

CHAPTER ONE
다채로운 소품과 선물

무늬가 있는 스키 모자	20
삼각 레이스 스카프	22
꼬임 목걸이	25
무한대 스카프	28
물결 무늬 방울 모자	31
리본 손목 워머	34
레이스 장식 부츠 커프스	36
컬러 블록 벙어리 장갑	39
종이 뱅글	42
파인애플 장식	43

CHAPTER TWO
가방과 주머니

수박 무늬 핸드폰 커버	48
폼폼 배낭	50
스페이드 & 실크 클러치 백	54
니트 장바구니	60
기하학 무늬 태블릿 커버	62
오리가미 가방	64

CHAPTER THREE
아이들을 위한 니팅

나비 모양 가랜드	68
고양이 양말	70
뜨개 인형	74
메리제인 덧신	79
스트라이프 레그 워머	82
보석 헤드밴드	34
판다 필통	86
정글 손가락 인형	89
베이비 놀이 블록	93
유아용 청키 판초	97

CHAPTER FOUR
홈 인테리어 액세서리

매듭 코스터	100
복고풍 장식용 쿠션	102
행잉 화분 걸이	105
쥬트 수납 바구니	108
여우 모양 저장병	110
바구니뜨기 무늬 전등갓	114
청키 니트 푸프	116
위빙 식탁 매트	120
도안	122
재료 구매처	126

시작하기에 앞서

흔히들 룸니팅은 아이들의 전유물이라고 생각합니다. 니팅 낸시(knitting Nancy)와 같은 뜨개 도구에 실을 감아 손쉽게 컵받침이나 식탁 매트를 만드는 것이지요. 이 책에서는 더욱 다양하고 새로운 룸니팅의 세계로 여러분들을 초대합니다. 다양한 모양과 크기의 뜨개룸을 이용하여 만든 35가지의 흥미로운 작품들을 소개할게요.

다채로운 소품과 선물을 소개하는 1장에서는 쉽고 빠르게 만들 수 있으면서도 완벽한 선물이 되어줄 작품들을 선보입니다. 파인애플 모양의 장식품(43페이지)이나 종이실로 만든 팔찌(42페이지), 또는 스타일리시한 꼬임 목걸이(25페이지)를 만들어보세요. 이러한 작품들을 통해 뜨개를 보다 손쉽게 접하고 기본 기법들을 배울 수 있을 거예요. 이를 바탕으로 다음에는 패턴이 들어가 있는 스키 모자(20페이지)와 같이 좀 더 크고 어려운 아이템들에 도전해볼 수 있겠죠?

가방과 주머니를 소개하는 2장은 좀 더 정교한 기술을 요하는 보다 큰 작품들로 가득 차있어요. 기하학적 무늬로 짠 충격 방지용 태블릿PC 커버(62페이지), 폼폼 장식이 달려 있는 재미있는 모양의 배낭(50페이지)과 같은 작품들을 만날 수 있답니다.

3장에서는 아이들이 아주 좋아할 만한 다양한 아이템들을 소개합니다. 아이들은 정글에 사는 동물 친구들 모양의 손가락 인형(89페이지)이나 특이한 모양의 보석 머리띠(34페이지)를 아주 좋아할 거예요. 또한 어여쁜 뜨개 인형(74페이지)은 분명히 아이들의 좋은 친구가 되어줄 것입니다.

홈 인테리어 액세서리를 소개하는 마지막 장은 뜨개로 만든 푸프(116페이지)나 복고 스타일의 장식용 쿠션(102페이지), 바구니 무늬로 굵게 짠 전등갓(114페이지)과 같이 집안 분위기를 빛나게 해줄 아이디어로 가득합니다.

이렇게 다양한 작품들을 만들기 위해서는 여러 뜨개 기술들이 필요할 거예요. 소개되어 있는 모든 아이템들을 만들 때 필요한 다양한 뜨개 기법과 코를 만들고 막는 방법을 이해하기 쉽고 명확하게 설명한 룸니팅 기법(8페이지) 부분도 준비되어 있습니다. 자, 이제 실과 뜨개 도구, 뜨개룸을 가지고 첫 번째 룸니팅을 시작해봅시다!

룸니팅 기법

만약 룸니팅이 처음이라면, 먼저 몇 코를 만들고 떠보고 코를 막는 연습을 해보세요. 익숙해지면 니트 모양을 잡기 위해 점점 더 다른 기법들을 적용해보며, 늘이고 줄이는 연습을 해보세요.

매듭

모든 작품은 매듭으로 시작합니다.

1 10cm 정도의 실 꼬리를 남겨두고, 타래에 연결된 실로 원 모양을 만듭니다.

2 실이 서로 교차하는 곳을 붙잡고 뒤집어주세요. 그러면 고리가 타래쪽 실 위에 놓입니다.

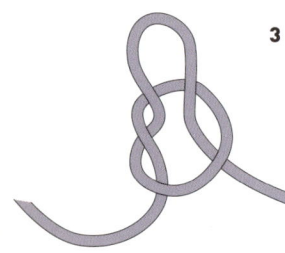

3 타래쪽 실을 원에 통과시켜 당겨주고 필요한 만큼 조여주세요.

케이블 코 만들기

이 방법으로는 깔끔하고 단단한 첫 단을 만들 수 있습니다. 코바늘을 준비해주세요.

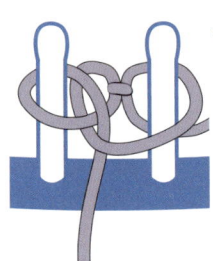

1 매듭을 만들어 1번째 핀에 걸어주세요. 타래쪽 실을 뜨개룸의 바깥쪽 앞으로 가져오세요. 코바늘 끝을 매듭에 통과시키고, 타래쪽 실로 감은 다음, 매듭에 통과시켜 고리를 만들어주세요. 왼쪽 핀에 걸어주세요.

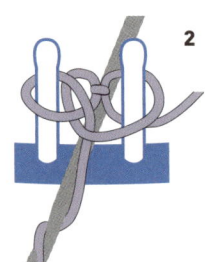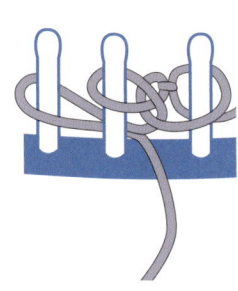

2 1번째 핀과 2번째 핀 사이에 있는 타래쪽 실을 코바늘로 뜨개룸의 뒤쪽으로 빼주세요. 이때 만들어진 고리를 왼쪽 핀에 걸어주세요.

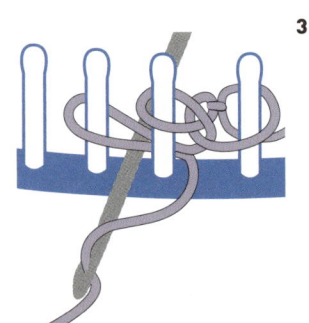

3 2를 전체 뜨개룸을 돌아가며 반복하세요. 그럼 각 핀의 앞쪽에 2개의 고리가 걸리게 됩니다(안쪽은 3개). 다음 단은 e-감기로, 아래 2개의 고리를 걸어 위의 고리를 넘겨주면 완성입니다.

e-감기 코 만들기

e-감기 코 만들기는 코를 만드는 가장 쉬운 방법이에요. 이 방법으로는 비교적 느슨하고 신축성이 있는 첫 단을 만들 수 있어요. 위에서 보면 알파벳 e처럼 보이기 때문에 e-감기라고 불린답니다.

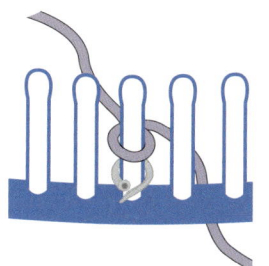

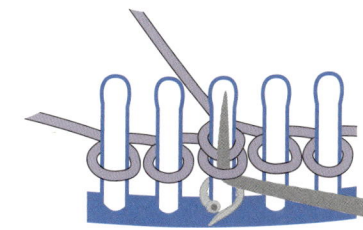

1 매듭을 만들고 뜨개룸의 1번째 핀에 걸어주세요. 뜨개룸의 측면에 있는 핀에 걸어도 되고, 정면에 있는 핀에 걸어도 됩니다. 마커로 표시해두면 각 단의 시작을 알 수 있습니다.

2 뜨개룸을 정면에 두고 오른손으로 잡은 상태에서, 타래쪽 실을 왼손으로 잡고 시계 방향으로 돌려주세요. 타래쪽 실을 핀의 뒤쪽으로 두른 후 앞쪽으로 감아주고, 다시 핀의 뒤쪽을 둘러주세요.

3 전체 뜨개룸을 둘러 반복하세요. 게이지를 꽤 타이트하고 고르게 유지하고, 실이 빠져서 전체 단이 풀어지는 일이 없도록 주의하세요.

4 한 바퀴 더 뜨개룸을 감아줍니다. 각 핀에 감아줄 때마다, 실이 빠지지 않도록 전용 후크로 아랫실을 걸어 윗실을 넘겨주세요.

5 한 바퀴 전체를 반복하여 코 만들기를 완성하세요.

---

u-감기 코 만들기

u-감기 기법은 평평한 사각형 모양으로 짤 때 사용합니다. 이 기법은 전체 핀을 감는 대신, 핀의 앞쪽만 감아줍니다.

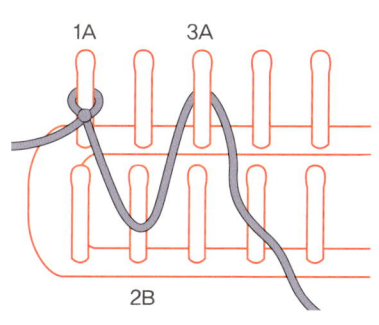

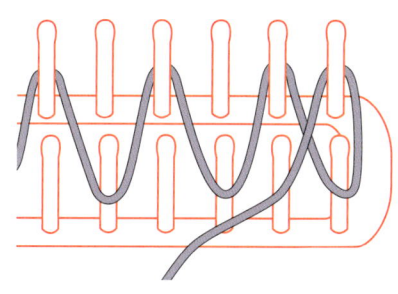

1 매듭을 만들고 그림에서와 같이 맨 앞에 있는 핀 1A에 걸어주세요.

2 타래쪽 실로 핀 2B의 앞쪽을 감은 다음, 실을 올려 핀 3A을 감아주세요. 이런 식으로 뜨개룸을 따라 계속해서 감아주세요. 또는 감고 있는 색깔의 실로 만들고 싶은 코의 수만큼 반복하세요.

3 뜨개룸을 거슬러 올라오며 **2**에서 감지 않은 모든 핀을 u-감기로 완성하세요.

코막음

이 방법으로 거의 모든 작품들의 테두리를 깔끔하고 단단하게 만들 수 있습니다.

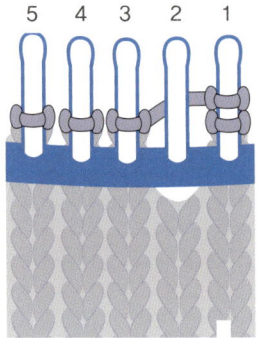

1. 2번 핀의 코를 1번 핀으로 옮겨주세요.

2. 아랫실을 걸어 윗실을 넘겨주세요.

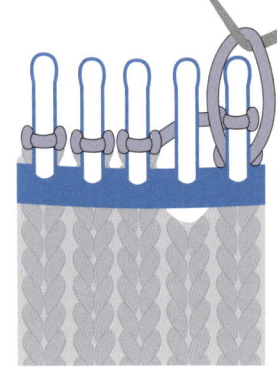

3. 1번 핀의 코를 비어 있는 2번 핀으로 옮겨주세요.

4. 3번 핀의 코 차례입니다. 1~3을 순서대로 반복하세요. 3번 핀의 코를 2번 핀으로 옮긴 후 아랫실로 윗실을 넘기고, 2번 핀의 실을 비어 있는 3번 핀으로 옮겨주세요.

5. 전체 뜨개룸을 따라 순서대로 반복하세요. 딱 1코가 남았을 때, 타래쪽 실을 자르고 풀어지지 않도록 남은 한 코에 꿰어주세요.

모아 코막음

이는 모아지는(닫힌) 형태로 마무리하는 방법으로, 모자와 몇몇 가방에 적합합니다.

1. 타래쪽 실을 60cm 남겨두고 자른 다음, 실 꼬리를 돗바늘에 꿰어주세요.

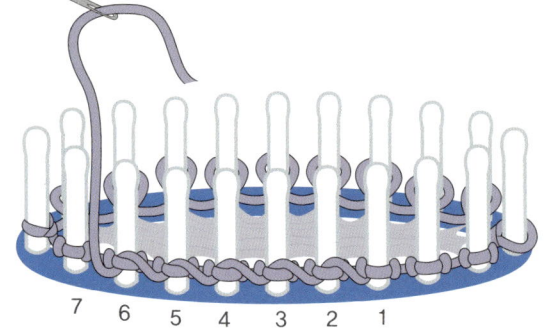

2. 1번 핀부터 바늘을 고리에 통과시켜 꿰어준 다음 단단히 당겨주세요. 뜨개룸 전체에 반복하세요.

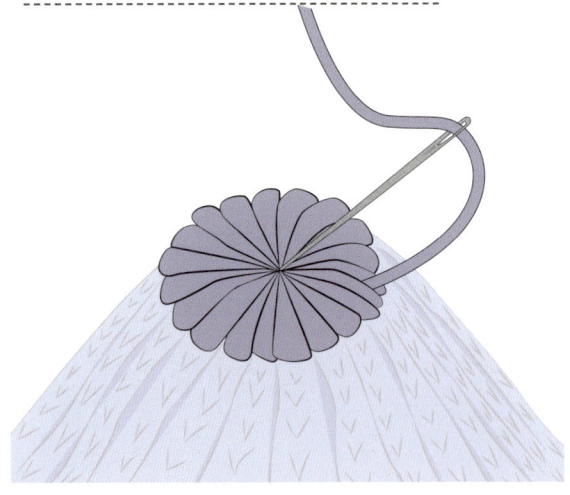

3. 뜨개룸에서 코들을 천천히 빼낸 후 맨 윗부분이 닫힐 때까지 실을 당겨주세요. 정중앙의 구멍으로 실 끝을 통과시킨 후, 안쪽에서 풀리지 않도록 몇 코 떠주고 끝을 잘라주세요.

코바늘 짧은뜨기 코막음

이 방법으로 다른 코막음 기법들보다 훨씬 더 단단하게 마무리할 수 있답니다. 코바늘이 필요해요.

1 1번 핀의 코를 뺀 후 코바늘에 걸어주세요.

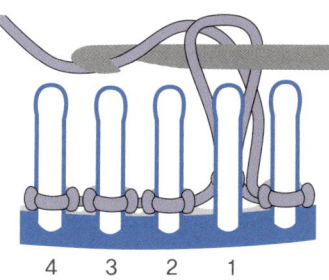

2 타래쪽 실을 코바늘에 감은 다음 바늘에 걸려 있는 코에 통과시켜 코바늘에 새로운 고리를 만들어주세요.

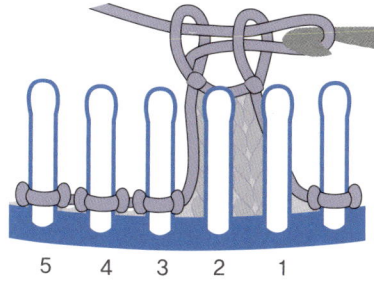

3 2번 핀의 코에도 **1~2**를 반복하세요. 새로운 고리를 코막음한 코와 코바늘에 걸려 있는 코에 동시에 통과시켜 당겨주면 됩니다.

4 코바늘에 1코만 남을 때까지 반복하세요. 타래쪽 실을 10cm 남겨두고 자른 후, 풀어지지 않도록 남은 코에 통과시켜 당겨주세요.

겉뜨기

겉뜨기는 일반적인 뜨개의 메리야스뜨기와 모양이 같아요. 각 코는 정면에서 봤을 때 작은 V 모양을 하고 있으며, 룸니팅에서 사용되는 주요 기법입니다.

1 타래쪽 실을 앞으로 빼서 핀에 걸려 있는 코 위쪽에 둡니다. 핀에 걸려 있는 코에 후크를 아래에서 위 방향으로 넣어주세요.

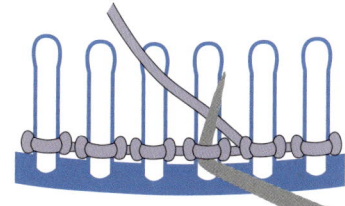

2 후크로 타래쪽 실을 건 다음 핀에 걸려 있는 코에 통과시켜 고리를 만들어주세요.

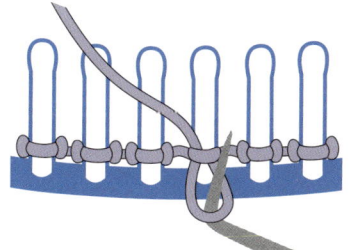

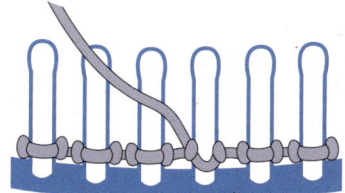

3 그 고리를 후크나 손으로 잡은 상태에서, 핀에 걸려 있던 원래의 코를 빼고 고리를 핀에 걸어주세요. 타래쪽 실을 약간 당겨주면 완성입니다.

e-감기 겉뜨기(짧은뜨기)

e-감기 겉뜨기는 겉뜨기와 동일한 기법이지만, 타래쪽 실을 핀 위에 두는 대신, 뜨기 전에 핀을 먼저 감아줍니다. 이 기법으로 만들면 일반 겉뜨기보다 훨씬 더 두껍고 신축성이 좋답니다.

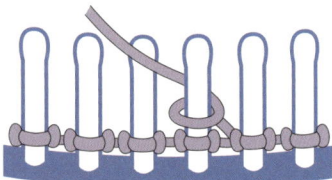

1 타래쪽 실로 핀을 e-감기 해주세요.

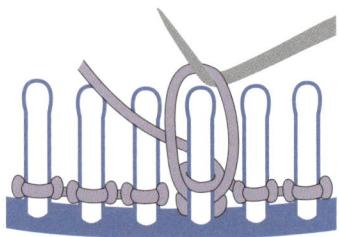

2 핀의 아래쪽 실을 걸어 윗실을 넘겨주세요.

3 전체 뜨개룸에 반복합니다.

안뜨기

안뜨기는 겉뜨기와는 반대로, 정면에서 봤을 때 각 코가 볼록한 가로 무늬예요. 일반적인 뜨개의 가터뜨기와 같은 모양으로, 고무뜨기를 할 때도 사용됩니다.

1 타래쪽 실을 앞으로 빼 핀에 걸려 있는 코 아래쪽에 둡니다. 핀에 걸려 있는 코에 후크를 위에서 아래로 넣어주세요.

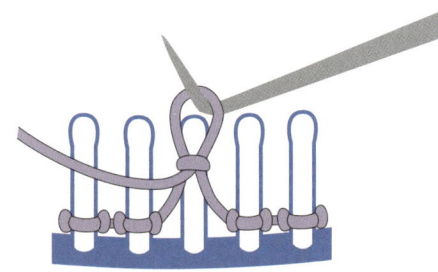

2 후크로 타래쪽 실을 건 다음 핀에 걸려 있는 코에 통과시켜 고리를 만들어주세요.

3 그 고리를 후크나 손으로 잡은 상태에서, 핀에 걸려 있던 원래의 코를 빼고 고리를 핀에 걸어주세요. 타래쪽 실을 약간 당겨주면 완성입니다.

평면뜨기

평면뜨기는 겉뜨기와 비슷하지만 훨씬 더 단단한 테두리를 만드는 데 쓰입니다.

1 타래쪽 실을 앞으로 빼 핀에 걸려 있는 코 위쪽에 둡니다.

2 핀에 걸려 있는 코에 후크를 아래에서 위로 넣어준 다음, 타래쪽 실을 넘겨 핀에서 빼주세요.

8자뜨기

8자뜨기는 매우 잘 늘어나고 느슨한 짜임이에요. 감는 방법에 익숙해지면 속도가 붙을 거예요.

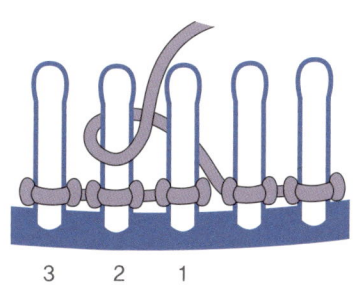 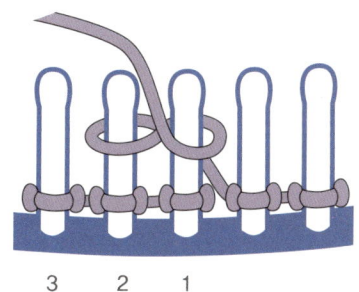

1 타래쪽 실을 1번 핀과 2번 핀의 뒤로 뺀 다음, 2번 핀의 앞쪽을 감아줍니다.

2 그런 다음 1번 핀의 뒤쪽을 감고 실을 앞으로 가져와 1번 핀의 앞쪽을 감아줍니다.

3 1번 핀과 2번 핀의 아래쪽 코를 걸어 방금 만든 고리를 넘겨주세요.

4 패턴에 따라 2번과 3번 핀, 또는 3번과 4번 핀에 위의 방법을 반복합니다.

코 늘리기

룸니팅도 일반 뜨개와 마찬가지로 사이즈를 늘릴 수 있어요. 하지만 그러기 위해서는 기존의 코들을 옮겨서 뜨개룸에 공간을 만들어야 합니다.

1 (단을 뜨고 있는 중이라면) 단의 마지막 코를 바깥쪽 비어 있는 핀으로 옮겨주세요. 그러면 비어 있는 핀이 생깁니다.

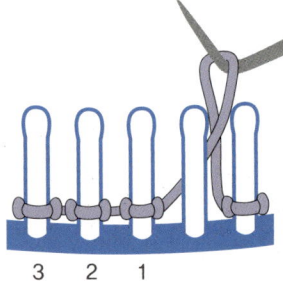

2 후크로 코들 사이의 실을 걸어 한 번 꼬아준 다음 비어 있는 핀에 겁니다.

겉뜨기로 2코 모아뜨기 (K2TOG)

코의 수를 줄일 수 있는 가장 쉬운 방법으로, 오른쪽으로 기울어진 모양으로 코가 줄어듭니다.

1 2번 핀의 코를 3번 핀으로 옮겨주세요.

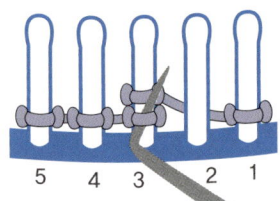

2 후크로 3번 코를 걸어 2번 코를 넘겨주세요.
----

3 패턴에 따라 필요할 경우 구멍이 생기지 않도록 코를 옮겨주세요.

오른 코 모아뜨기 (SSK)

왼쪽으로 기울어진 모양으로 코가 줄어듭니다.

1 4번 핀의 코를 3번 핀으로 옮겨주세요.

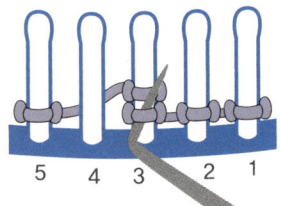

2 후크로 3번 코를 걸어 4번 코를 넘겨주세요.
----

3 패턴에 따라 필요할 경우 구멍이 생기지 않도록 코를 옮겨주세요.

도안 보고 작업하기

도안에서 각각의 사각형은 완성된 코를 의미합니다. 우선 맨 아래 오른쪽 끝에서 시작하며, 도안의 1번째 단을 따라 오른쪽에서 왼쪽으로 짭니다. 2번째 바퀴는 도안의 밑에서 2번째 단을 따라 역시나 맨 오른쪽에서 시작하여 오른쪽에서 왼쪽으로 짭니다.

색깔을 바꿀 때 실 꼬아주기

실타래들이 서로 엉킬 수 있기 때문에 실을 적당한 길이로 잘라서 작은 사이즈의 타래로 만들어 쓰는 편이 작업하기에 더 편할 거예요. 뜨는 도중에 실의 색상을 바꾸고 싶을 때, 풀어지지 않으며 구멍이 생기지 않게 하는 가장 좋은 방법은 색을 바꾸고 싶을 때마다 뒷면에서 실들을 서로 꼬아주는 것입니다.

짧은뜨기

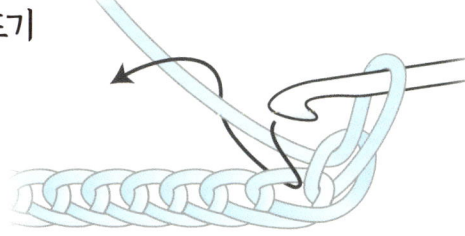

1. 코바늘을 코에 집어넣고 바늘에 실을 감은 후 그 코만 통과시켜 고리를 만들어줍니다. 이제 바늘에는 2개의 고리가 걸려 있어요.

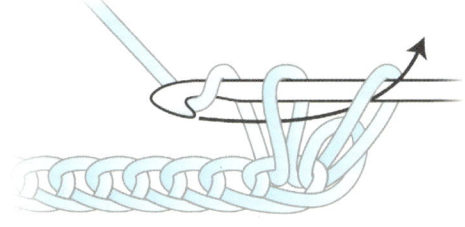

2. 다시 한 번 바늘에 실을 감은 후, 바늘에 걸려 있는 2개의 고리를 통과시켜주세요. 그러면 바늘에 남은 고리는 1개입니다.

짧은뜨기로 잇기

1. 두 개의 조각을 뒷면이 함께 꿰매어지도록 둡니다. 코바늘에 매듭을 만들고 양쪽 면 모두 코의 맨 윗부분인 V 모양에 바늘을 통과시켜줍니다. 정확하게 줄을 맞추기 위해 양쪽 면 모두 한 쪽 끝의 1번째 코부터 시작합니다.

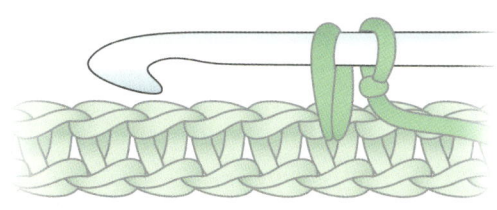

2. 바늘에 실을 감고 2개의 코에 동시에 통과시켜주세요. 그럼 바늘에는 2개의 고리가 있어요.

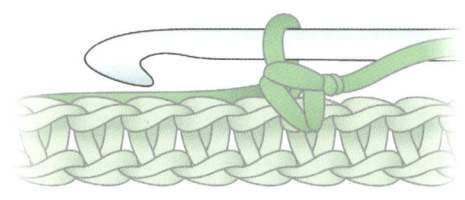

3. 다시 한 번 바늘에 실을 감고 바늘에 있는 2개의 고리에 동시에 통과시켜주세요. 1번째 짧은뜨기가 만들어졌습니다.

4. 다음 한 쌍의 코에 바늘을 넣고 실을 감은 후, 2코에 동시에 통과시킵니다. 그리고 다시 실을 감고 바늘에 남아 있는 2개의 고리에 함께 통과시키는 것을 끝까지 반복하세요.

바느질 기법

러닝 스티치

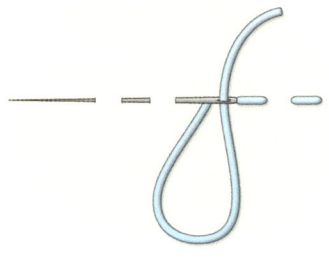

몇 개의 작은 바늘땀으로 실 끝이 풀리지 않도록 하는 방법이에요. 바늘을 원단의 뒤쪽으로 바늘땀의 길이만큼 뺀 후, 다시 바늘땀의 길이만큼 원단의 앞쪽으로 바늘을 뺍니다. 바늘땀의 길이와 간격이 일정한 한 줄이 되도록 반복하세요.

백 스티치

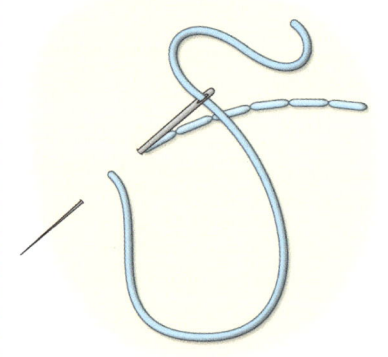

러닝 스티치를 하는 것처럼 시작하세요. 한 땀을 뜨고 난 다음 2번째 땀을 뜨기 위해 바늘을 앞으로 빼주세요. 이번에는 앞으로 나아가는 대신 바늘을 뒤쪽으로 가져갑니다. 바늘을 1번째 땀의 마지막 부분에 찔러 넣어 뒤로 빼주세요. 바늘을 실이 있는 곳에서 땀의 길이만큼 떨어진 곳으로 다시 빼주세요. 바늘땀들이 벌어진 간격 없이 서로 맞닿아 있는 고른 선을 만들 수 있도록 반복하세요.

프렌치노트

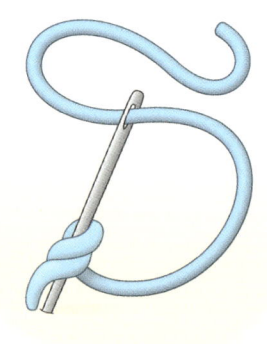

실을 묶고 바늘을 원단의 뒤에서 앞으로 빼주세요. 바늘 끝을 실로 한두 번 감은 다음, 바늘을 바늘이 나왔던 곳 바로 옆에 찔러 넣습니다. 한 손으로 바늘을 찔러 넣을 때, 다른 손의 엄지손톱으로 감았던 실을 원단에 대고 꽉 눌러주세요. 바늘을 끝까지 당겨주세요. 원단 위에 바늘에 감겼던 실이 매듭으로 만들어집니다.

블랭킷 스티치

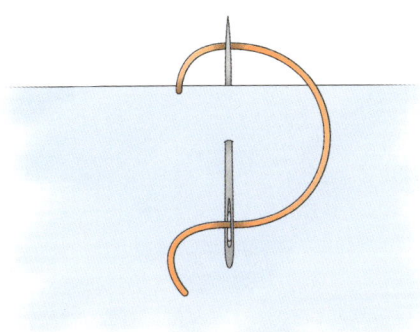

원단의 가장자리에서 바느질을 합니다. 가장자리에서 땀의 길이만큼 떨어진 곳에서 바늘을 원단에 통과시킨 후, 바늘 아래에 실로 고리를 만들어줍니다. 바늘과 실을 완전히 당겨 첫 코를 만듭니다.

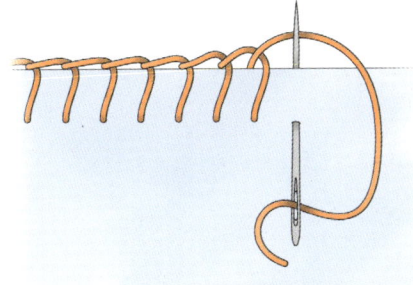

오른쪽에 다시 한 땀을 만들고 이번에도 바늘 아래 실로 고리를 만듭니다. 원단을 따라 바느질하고, 작게 몇 땀 더 뜨거나 뒤쪽에서 매듭을 지어 마무리하세요.

폼폼 만들기

1 두루마리 휴지의 심지와 같은 단단한 종이 원통을 2개 준비하여 함께 잡아주세요. 실 끝을 잡고 위쪽 원통의 윗부분을 감고 원통의 사이를 감아주세요. 이제 원통 2개를 함께 감기 시작합니다.

2 예쁘고 폭신폭신한 폼폼을 만들기 위해 계속해서 원통 2개를 최대 200번 감아주세요.

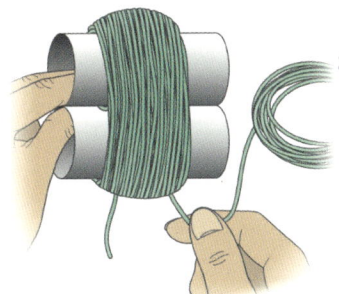

3 실을 자른 후, 길이 45cm의 실을 따로 준비해주세요. 원통 2개 사이로 실을 끼워 넣고 묶으세요.

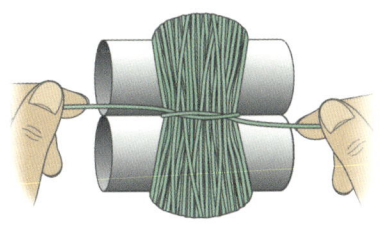

4 감은 실을 원통에서 부드럽게 빼주세요. 묶었던 실을 꽉 조인 다음, 가운데 부분을 여러 번 단단히 감아주세요. 그런 다음 풀어지지 않도록 2번 매듭지어 주세요.

5 날카로운 가위를 이용해 감은 실로 만들어진 고리 끝부분을 각각 잘라주세요. 풍성하고 복슬복슬한 동그란 폼폼이 되도록 끝부분을 다듬으세요.

CHAPTER ONE

다채로운 소품과 선물

선물하기 좋은 따뜻한 감성의 모자, 목도리, 장갑과 각종 뜨개 소품들

무늬가 있는 스키 모자

이 복고 무늬의 모자는 e-감기 기법으로 뜨세요. 그러면 모자가 아주 두꺼워져서 스키장의 슬로프에서 쓰기에 적당할 거예요. 복슬복슬한 폼폼으로 완벽하게 완성하세요!

준비할 것

- 써다 스너글리 병태사Sirdar Snuggly DK, 55% 나일론 · 45% 아크릴, 병태사. 타래당 1¾온스(50g), 약 1790야드(165m) : 솔저 블루 412(A), 리틀 젬 454(B), 크림 303(C) 각각 1볼
- ⅜인치(9mm) 길이의 핀이 72개인 지름 8½인치(22cm)의 원형 뜨개룸
- 후크
- 가위
- 지름 10cm의 단단한 종이 원통 2개, 또는 4인치(10cm) 폼폼 메이커
- 돗바늘
- 파란색 털실 폼폼

사이즈

- 일반 성인 여성 사이즈

만드는 법

1. 솔저 블루(A)실을 이용해 e-감기 코 만들기 기법 9페이지 참고로 72코를 만듭니다.

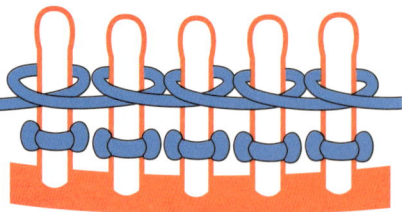

2. 계속해서 e-감기 방법을 사용합니다. 걸어 넘기지 않고 2번째 바퀴를 감아주세요.

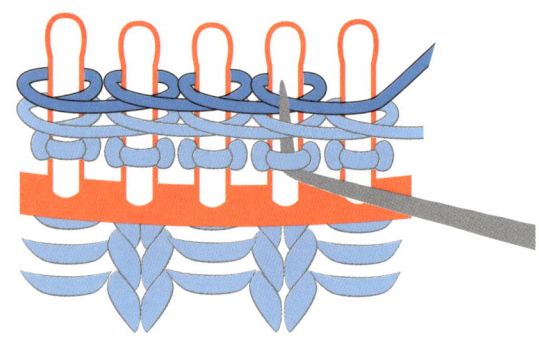

3. 3번째 바퀴에서는 겉뜨기 1코, 안뜨기 1코로 떠주세요. 밑의 2코를 걸어서 윗실을 넘겨주세요.

4. 2~3을 9바퀴 더 반복하세요.

5. 계속해서 먼저 e-감기로 감은 다음 겉뜨기로 10바퀴 떠주세요. 즉, 항상 2코를 걸어서 윗실을 넘겨주세요.

- 솔저 블루(A)
- 리틀 젬(B)
- 크림(C)

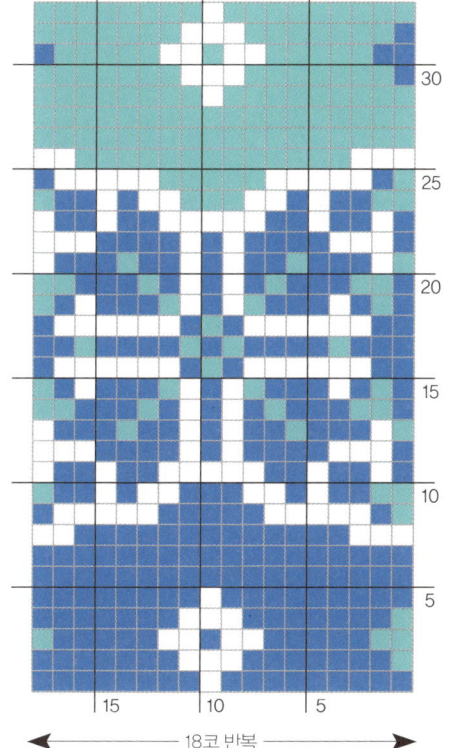

← 18코 반복 →

6 다음 33바퀴는 도안의 패턴대로 뜹니다. 이 패턴을 전체 뜨개룸에 총 4회 반복하며, 필요할 때마다 리틀 젬(B)과 크림(C) 실을 연결해주세요. 색을 바꿀 때 구멍이 생기지 않도록 실을 꼬아줘야 한다는 것을 기억하세요.

7 리틀 젬(B) 실로 4바퀴 겉뜨기하세요.

8 **9코마다** 겉뜨기로 2코 모아뜨기를 해주세요. 그러면 64코가 남습니다. 2바퀴 더 겉뜨기하세요.

8코마다 겉뜨기로 2코 모아뜨기를 해주세요. 그러면 56코가 남습니다. 2바퀴 더 겉뜨기하세요.

7코마다 겉뜨기로 2코 모아뜨기를 해주세요. 그러면 48코가 남습니다. 2바퀴 더 겉뜨기하세요.

9 모아 코막음10페이지 참고해주세요. 코막음하고 남은 실로 품품을 꿰매세요. 모든 실 끝을 꿰매세요.

삼각 레이스 스카프

이 삼각형 모양 스카프의 느슨한 짜임은 모헤어 실을 아주 잘 돋보이게 해줍니다. 봄날에 어울리는 완벽한 스카프입니다!

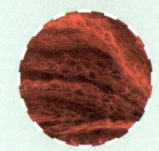

준비할 것

- 쉽제스 모헤어 리듬 Scheepjes Mohair Rhythm, 70% 모헤어 · 30% 마이크로파이버, 레이스무게 실, 타래당 ⅞온스 (25g), 약 2180야드(200m) : 플라멩코 684 2볼
- ⅜인치(9mm) 길이의 핀이 72개인 지름 8½인치(22cm)의 원형 뜨개룸
- 후크
- 가위
- 돗바늘

사이즈

- 폭이 가장 넓은 곳 기준 약 140cm

만드는 법

1 매듭을 만들어 1번 핀에 걸어주세요.

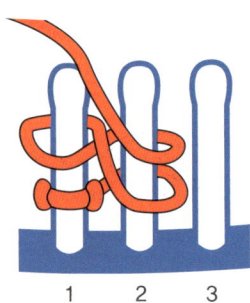

2 2번과 1번 핀에 8자뜨기 13페이지 참고를 합니다. 그러면 각각의 핀에 2코가 걸리게 됩니다. 그런 다음 후크로 아랫실을 걸어 윗실을 넘겨주세요.

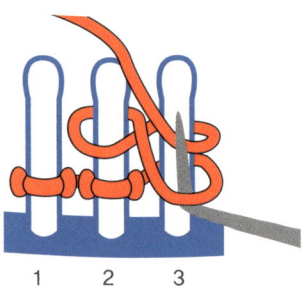

3 3번과 2번 핀에 8자뜨기를 반복한 다음, 후크로 아랫실을 걸어 윗실을 넘겨주세요.

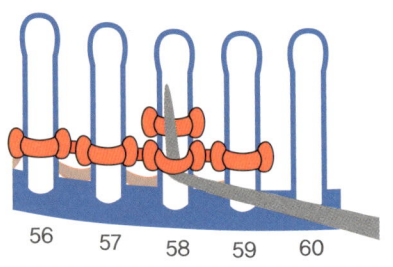

7 5~6을 반복하세요. 매번 한 핀씩 단을 늘려갑니다. 대략 60핀(더 넓은 스카프를 원할 경우는 72핀까지 가능)이 될 때까지 반복합니다.

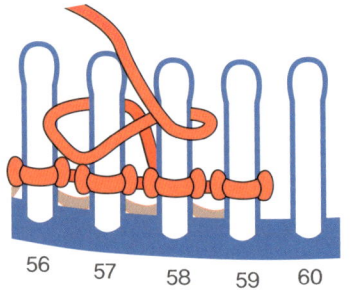

8 스카프를 줄여 삼각형 모양으로 만들기 위해, 59번과 60번 핀에 8자뜨기를 합니다. 그런 다음 59번의 코를 58번 핀으로 옮기고, 60번의 코를 비어 있는 59번 핀으로 옮겨주세요. 58번 핀의 아랫실을 걸어 윗실을 넘겨주세요.

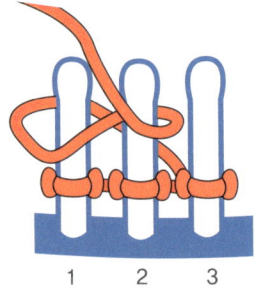 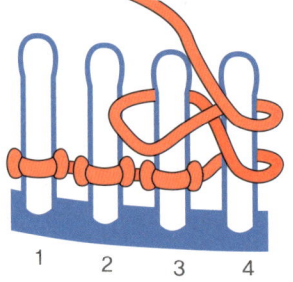

4 이제 되돌아가서 2번과 1번 핀에 왼쪽에서 오른쪽 방향으로 8자뜨기를 합니다. 즉, 3번 핀의 뒤쪽에서 실을 가져와서 1번 핀을 감은 다음 2번 핀을 감아주고, 아랫실을 걸어 윗실을 넘겨주세요.

-----

5 3번과 2번 핀에 8자뜨기한 후 아랫실을 걸어 윗실을 넘겨주세요. 4번과 3번 핀에도 반복하세요.

-----

6 이제 다시 되돌아갑니다. 실을 4번 핀 뒤쪽에 두고 3번과 2번 핀에 8자뜨기를 한 다음, 2번과 1번 핀에도 반복하세요.

-----

9 이제 1번 핀으로 거슬러 올라가며 2개씩 8자뜨기를 해주세요. 아까 스카프를 늘려나갈 때 했듯이 말이에요.

-----

10 뜨개룸에 단 1코가 남을 때까지 **8**~**9**를 반복하세요. 실을 자르고, 풀어지지 않도록 마지막 고리에 실을 꿰어주세요. 모든 실 끝을 꿰매어주세요.

꼬임 목걸이

실의 멋진 짜임으로 스타일리시한 목걸이를 만들어봅시다.
끝에 은색 쿠미히모 마감재를 더해 완성도를 높여주세요.

준비할 것

- 패톤스 100% 면 4 ply Patons 100% Cotton 4ply, 100% 면, 소모사 4ply, 타래당 3½온스(100g), 약 3600야드(330m) : 포메그레닛 1724 1볼
- ¼인치(6mm) 길이의 핀이 4개인 7¼ x 2인치(18 x 5cm) 사이즈의 양말 뜨개룸
- 후크
- 은도금한 쿠미히모 ¼인치(5mm) 마감재
- 글루건
- 가위

사이즈

- 길이 약 40cm

만드는 법

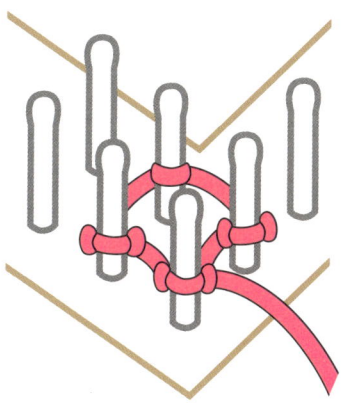

1. e-감기 방법으로 4코를 만들어주세요.
2. 편물의 길이가 150cm가 될 때까지 겉뜨기하세요.
3. 모아 코막음 10페이지 참고합니다.

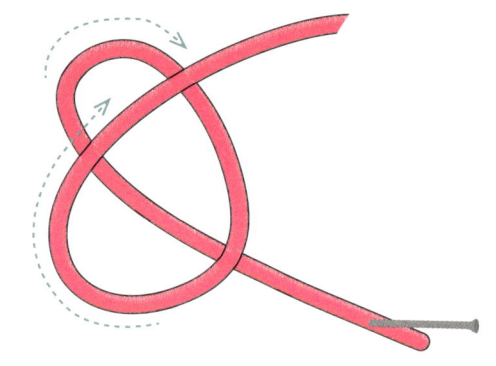

4 만들어진 줄의 한쪽 끝을 카펫과 같은 바닥에 핀으로 고정시킨 다음, 그림과 같이 감아서 고리를 만드세요.

5 실을 시작점 아래로 빼서 밑으로 넣어준 다음, 실 2가닥 위로 올립니다.

6 1번째 짜임 옆에서 **4**를 반복하세요.

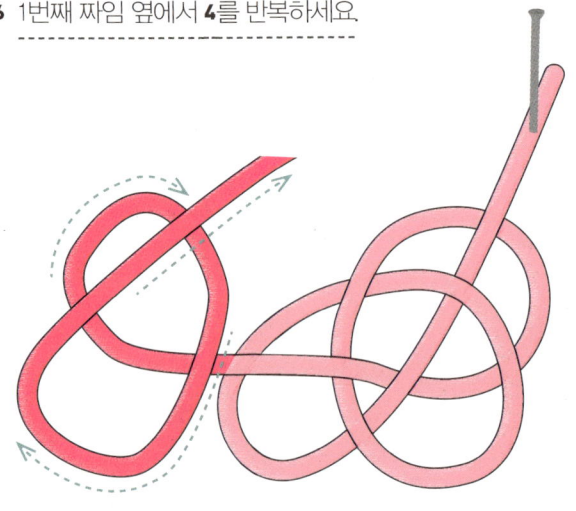

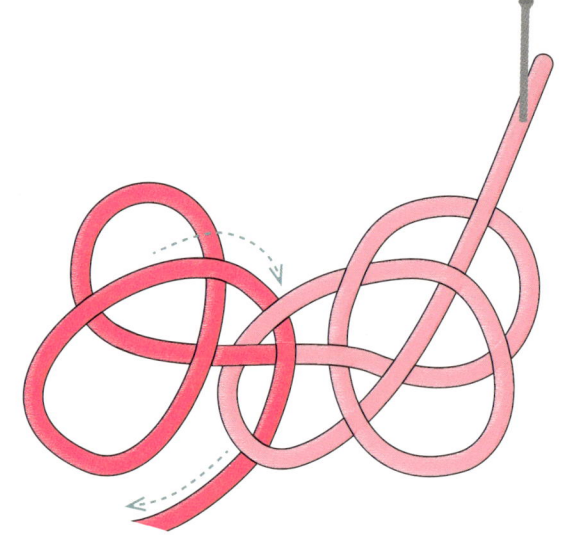

7 2번째 짜임과 1번째 짜임을 연결하기 위해 그림과 같이 실을 아래로, 위로, 다시 아래로 빼주세요.

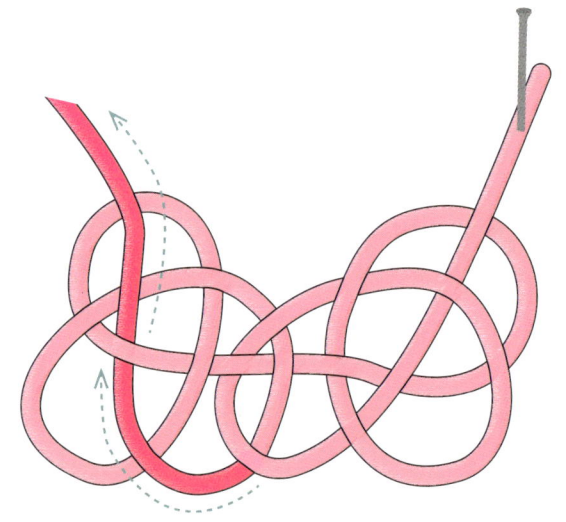

8 그런 다음 실을 위로, 아래로 뺀 다음, 2번째 짜임의 실 2가닥 위로 올려주세요.

9 이미 만들어진 짜임 옆에서 **6**~**8**을 2회 반복한 후, 줄을 마지막 고리에 꿰어주세요. 짜임이 줄의 중앙에 올 수 있도록 당기고 정리하세요.

10 줄을 원하는 길이로 자르고, 각각의 끝에 글루건으로 마감재를 붙여주세요.

무한대 스카프

두꺼운 실로 짠 눈에 확 띄는 이 스카프는 따뜻할 뿐만 아니라 스타일리시하기도 해요. 옷이나 분위기에 따라 두 가지의 다른 모습을 연출할 수 있답니다!

준비할 것

- 하비크래프트 Hobbycraft Women's Institute Soft & Chunky, 70% 아크릴, 30% 메리노 울, 극태사, 타래당 3½온스(100g), 약 1200야드(110m)
  : 블랙(A) 2볼, 푸시아(B) 1볼, 퍼플(C) 1볼
- ¾인치(18mm) 길이의 핀이 48개인 17인치(43cm) 길이의 긴 뜨개롬
- 후크
- US 사이즈 E/4(3.5mm) 코바늘
- 돗바늘
- 가위

사이즈

- 너비 약 40cm(총 너비는 이것의 두 배)

만드는 법

1 블랙(A) 실로 매듭을 만들어 왼쪽 아래 핀 1B에 걸어주세요. e-감기 방식9페이지 참고으로 코를 만드세요.

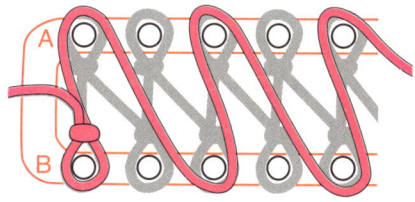

2 푸시아(B) 실로 매듭을 만들어 왼쪽 아래 핀 1B에 걸어준 다음, u-감기 방법으로 홀수의 핀들을 모두 감아주세요. 맨 처음 1A를 감은 다음 3B, 3A, 5B, 5A 이런 순서로 전체 뜨개룸을 감아주세요.

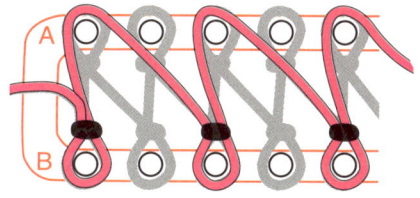

3 핀 1B, 3B, 5B 순으로 뜨개룸 끝까지 후크로 블랙(A) 실을 걸어 푸시아(B) 실을 넘겨주세요. A쪽 핀에 있는 고리들에는 아직 아무것도 걸어 넘기지 마세요.

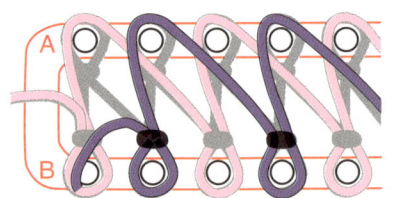

4 퍼플(C) 실로 매듭을 만들어 핀 2B에 건 다음, u–감기 방법으로 짝수의 핀들을 모두 감아주세요. 맨 처음 2A를 감은 다음 4B, 4A, 6B, 6A 이런 순서로 전체 뜨개룸을 감아주세요. 핀 2B, 4B 순으로 뜨개룸 끝까지 후크로 블랙(A) 실을 걸어 퍼플(C) 실을 넘기세요.

5 이제 다시 블랙(A) 실을 가지고 1B부터 시작하여 모든 핀을 u–감기 방식으로 감아주세요.

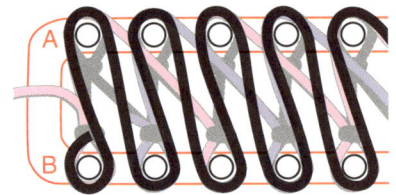

6 뜨개룸을 돌려주세요. 이제 더 가까운 쪽이 A면이에요. A면을 따라 후크로 아래 2코를 걸어 윗실을 넘겨주세요.

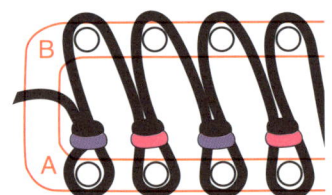

7 2~4를 반복합니다. 먼저 푸시아(B) 실로 매듭을 만들어 A면의 왼쪽 아래 핀에 걸어주세요. 마지막 단계로, A면의 모든 핀에서 후크로 1코가 아닌 2코를 걸어서 넘겨주세요.

8 이러한 교대로 뜨기(2~7번 과정)를 편물의 길이가 1m가 될 때까지 반복하세요.

9 짧은뜨기 15페이지 참고로 코막음하고 실을 길게 남겨두세요. 실 끝을 돗바늘에 꿰어주세요. 스카프의 뒷면에서 짧은 쪽 2개를 맞대고 백 스티치 16페이지 참고 기법으로 꿰매세요.

10 모든 실 끝을 꿰매면 완성입니다.

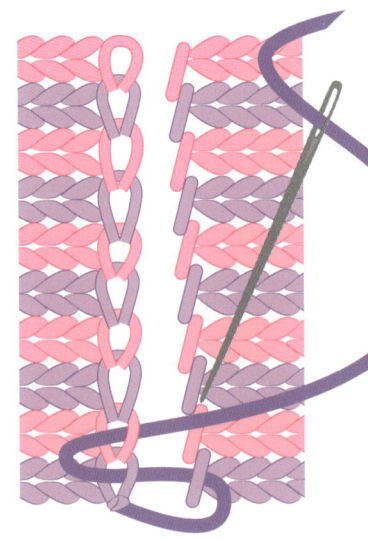

물결 무늬 방울 모자

이 독특한 방울 모자의 대담하고 대비되는 색상은 정말 예뻐요. 평소뿐만 아니라 스키장에서도 잘 어울릴 거예요! 거기에 방울이 재미를 더합니다.

준비할 것

- 리코 크리에이티브 코튼 아란 Rico Creative Cotton Aran, 100% 면, 병태사(태사), 타래당 1¾온스(50g), 약 87야드(80m)
  : 머스터드 70(A), 네이처 60(B), 블랙 90(C) 각각 2볼
- ⅜인치(9mm) 길이의 핀이 72개인 지름 8½인치(22cm)의 원형 뜨개룸
- 후크
- 지름 10cm의 단단한 종이 원통 2개, 또는 4인치(10cm) 폼폼 메이커
- 돗바늘
- 가위

사이즈

- 일반 성인 여성 사이즈

만드는 법

1 머스터드(A) 실 2가닥을 함께 쥐고 e-감기 방법 9페이지 참고으로 72코를 만드세요.

------

2 겉뜨기 3코, 안뜨기 3코로 24바퀴 떠주세요. 고무뜨기와 같은 모양이에요.

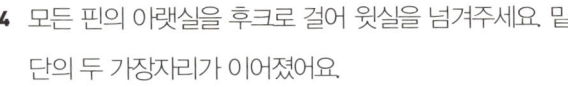

3 맨 처음 코를 만든 고리를 다시 뜨개룸에 걸어주세요. 이때 원래 있던 자리의 핀에 걸어서 편물이 뒤틀리지 않게 해주세요. 이제 접혀진 2겹의 밑단이 만들어졌어요.

4 모든 핀의 아랫실을 후크로 걸어 윗실을 넘겨주세요. 밑단의 두 가장자리가 이어졌어요.

5 16바퀴 겉뜨기하세요.

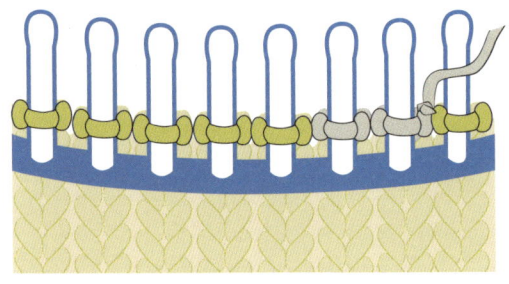

6 41바퀴째 : 네이처(B) 실 2가닥을 연결해주세요. 머스터드(A) 2코, 네이처(B) 2코, 머스터드(A) 4코 겉뜨기하세요. 이러한 순서로 전체 뜨개룸을 돌아가며 떠주세요.

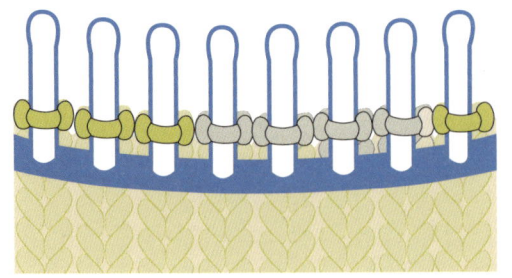

7 42바퀴째 : 머스터드(A) 1코, 네이처(B) 4코, 머스터드(A) 3코 순서로 전체 뜨개룸을 돌아가며 겉뜨기하세요.

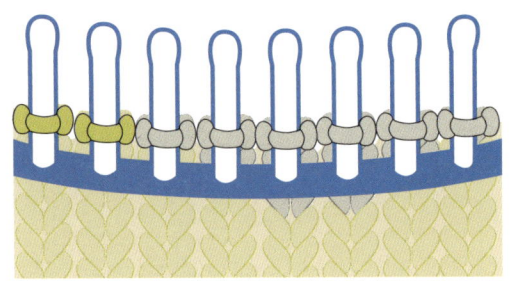

8 43바퀴째 : 네이처(B) 6코, 머스터드(A) 2코 순서로 전체 뜨개룸을 돌아가며 겉뜨기하세요.

9 네이처(B) 실로만 16바퀴를 겉뜨기하세요.

10 머스터드(A) 대신 네이처(B), 네이처(B) 대신 블랙(C) 실을 사용하여 6~8을 반복합니다.

11 블랙(C) 실로만 14바퀴를 겉뜨기하세요.

12 이제 모자 윗부분의 모양을 만들기 위해 줄일 차례예요. 전체 뜨개룸을 돌아가며 한 핀 건너마다 코를 바로 옆의 핀으로 옮겨주세요.

13 각각의 2코를 1코로 간주하여 2바퀴를 겉뜨기하세요.

14 모아 코막음 10페이지 참고 방법으로 코를 막아주세요.

15 3가지 색상의 실을 모두 사용하여 방울 17페이지 참고을 만들어주세요. 모자의 윗부분에 꿰매세요.

리본 손목 워머

장갑의 손가락 부분을 뜨려고 애쓰지 말고, 우선 깜찍한 리본 손목 워머를 만들어보세요. 손가락을 움직이기에도 편하고, 만들기도 쉬운 데다 디자인도 예뻐서 선물하기에 제격이에요!

준비할 것

- 로완 써머 트위드Rowan Summer Tweed, 70% 실크 · 30% 면, 병태사, 타래당 1¾온스(50g), 약 1310야드(120m) : 밤부 552(A), 토닉 551(B), 스위트피 543(C) 각각 1볼
- ¼인치(6mm) 길이의 핀이 34개인 7¼ x 2인치(18 x 5cm) 사이즈의 양말 뜨개룸
- US 사이즈 G/6(4mm) 코바늘
- 후크
- 돗바늘
- 가위

사이즈

- 일반 성인 사이즈(길이 25cm)

만드는 법

1. 밤부(A) 실을 이용하여 케이블 코 만들기 8페이지 참고 방법으로 34코를 만들어주세요.

2. 1번째 바퀴에서 겉뜨기 1코, 안뜨기 1코로 전체 뜨개룸을 떠주세요. 20바퀴가 될 때까지 반복합니다.

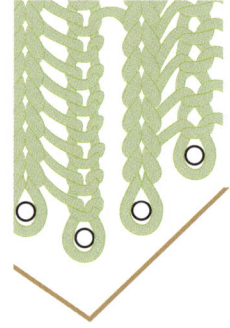

3. 이제 엄지손가락 구멍을 만들어주세요. 한 방향으로 뜨는 대신, 첫 번째 코와 마지막 코 사이를 기점으로 단마다 앞뒤로 방향을 바꿔가며 떠주세요. 처음부터 끝까지 겉뜨기 1코, 안뜨기 1코 고무뜨기로 16단 떠주세요.

4. 이제 다시 한 방향으로 뜹니다. 이렇게 하면 손목 워머의 윗부분이 완성됩니다.

5. 토닉(B) 실로 바꾸고 겉뜨기 1코, 안뜨기 1코 고무뜨기로 6바퀴 떠주세요.

6. 밤부(A) 실로 바꾸고 겉뜨기 1코, 안뜨기 1코 고무뜨기로 6바퀴 떠주세요.

7 토닉(B) 줄무늬 4개, 밤부(A) 줄무늬 4개가 될 때까지 **5~6**을 3회 더 반복하세요.

8 코막음을 한 다음 모든 실 끝을 꿰매어주세요.

9 뜨개룸이 22코가 되도록 조정합니다. 스위트피(C) 실을 이용하여 케이블 코 만들기 방법으로 코를 만들어주세요. 평면뜨기로 12단을 떠주세요.

10 실을 20cm 남겨두고 코막음하세요. 실 끝으로 편물의 중심을 몇 번 감아 리본을 만들어주세요. 그다음, 돗바늘로 실 끝을 실을 감은 부분에 한두 번 꿰어 풀어지지 않도록 해주세요.

11 남은 실 끝으로 리본을 손목 워머의 앞쪽에 꿰매어주세요.

12 적당한 길이의 스위트피(C) 실을 돗바늘에 꿰어 장갑 아랫부분의 1번째 토닉(B) 색상 줄무늬의 양쪽 선을 따라 러닝 스티치 16페이지 참고를 해주세요.

13 이 모든 과정을 반복하여 나머지 한 짝의 손목 워머를 만드세요. 이번에는 워머의 반대쪽에 리본을 꿰매야 한다는 걸 명심하세요. 이제 한 쌍이 완성되었어요!

레이스 장식 부츠 커프스

투박한 울 털실에 섬세한 레이스 장식을 더해 따뜻한 부츠 커프스를 만들어봅시다. 고무장화 속에 신거나 교외로 나가는 날 워킹 슈즈와 함께 신기에 제격이에요. 처음부터 끝까지 2가닥의 실을 사용하는 것을 잊지 마세요.

준비할 것

- 하비크래프트 Hobbycraft Women's Institute Unique Yorkshire DK, 100% 울, 병태사, 타래당 1¾ 온스(50g), 약 1220야드(112m) : 헴슬리 2볼
- ¾ 인치(18mm) 길이의 핀이 24개인 지름 8½ 인치(22cm)의 원형 뜨개룸
- 후크
- US 사이즈 E/4(3.5mm) 코바늘
- 돗바늘
- 크림색 레이스 1m
- 바느질 바늘과 크림색 실
- 가위

사이즈
- 길이 약 20cm

만드는 법

1 두껍게 만들기 위해 실 2가닥을 함께 사용합니다. 매듭을 만들고 뜨개룸의 1번째 핀에 걸어주세요.

----

2 e-감기 방법 9페이지 참고로 24코를 만들어주세요.

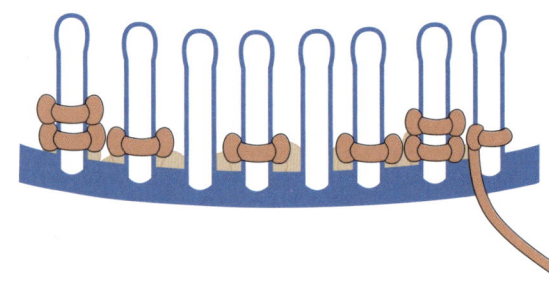

3 **1번째 바퀴** : 1번 코를 겉뜨기하고, 2번 코를 빼고, 3번 코를 2번 코 자리에 건 다음, 2번 코를 다시 제자리에 걸어주고, 4번 코를 3번 핀으로 옮겨주세요. 5번 코를 겉뜨기합니다. 8번 코를 빼고, 7번 코를 8번 코 자리에 건 다음, 8번 코를 다시 제자리에 걸어주고, 6번 코를 7번 핀으로 옮겨주세요. 코를 뜰 때 2번과 8번 핀의 2코는 1코로 간주하고, 비어 있는 4번과 6번 핀은 e-감기해주세요. 이 순서로 2회 더 반복하여 뜨면 한 바퀴 완성입니다.

----

4 **2번째 바퀴** : 겉뜨기합니다.

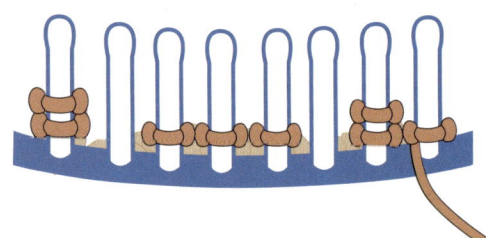

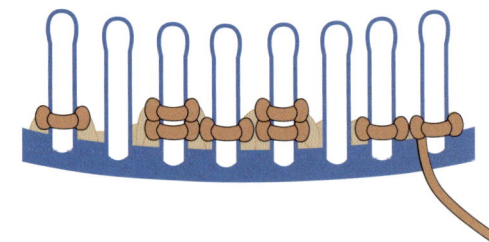

5 **3번째 바퀴** : 1번 코를 겉뜨기하고, 2번 코를 빼고, 3번 코를 2번 코 자리에 건 다음, 2번 코를 다시 제자리에 걸어줍니다. 4~6번 코를 겉뜨기합니다. 8번 코를 빼고, 7번 코를 8번 코 자리에 걸고, 8번 코를 다시 제자리에 걸어주세요. 코를 뜰 때 2번과 8번 핀의 2코는 1코로 간주하고, 비어 있는 3번과 7번 핀은 e-감기해주세요. 이러한 순서로 2회 더 반복하여 뜨면 한 바퀴 완성입니다.

6 **4번째 바퀴** : 겉뜨기합니다.

9 **7번째 바퀴** : 1번과 2번 코를 겉뜨기하고, 4번 코를 빼고, 3번 코를 4번 핀에 건 다음, 4번 코를 제자리에 걸어주세요. 5번 코를 겉뜨기합니다. 6번 코를 빼고, 7번 코를 6번 핀에 건 다음, 6번 코를 제자리에 걸어주세요. 코를 뜰 때 4번과 6번 핀의 2코는 1코로 간주하고, 비어 있는 3번과 7번의 핀은 e-감기해주세요. 이러한 순서로 2회 더 반복하여 뜨면 한 바퀴 완성입니다.

10 겉뜨기로 한 바퀴 뜬 다음, **3**~**9**를 5회 더 반복합니다. 짧은뜨기|15페이지 참고 방법으로 코를 막아주세요.

11 돗바늘로 실 끝을 꿰매세요.

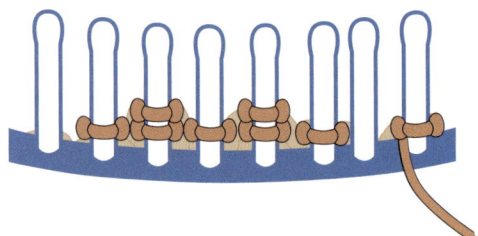

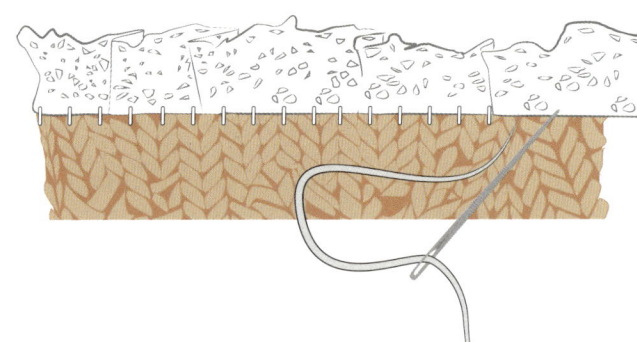

7 **5번째 바퀴** : 1번 코를 겉뜨기하고, 4번 코를 빼고, 3번 코를 4번 코 자리에 건 다음, 4번 코를 다시 제자리에 걸어주고, 2번 코를 3번 핀으로 옮겨주세요. 5번 코를 겉뜨기합니다. 6번 코를 빼고, 7번 코를 6번 핀 자리에 걸고, 6번 코를 다시 제자리에 걸어준 다음, 8번 코를 7번 핀으로 옮겨주세요. 코를 뜰 때 4번과 6번 핀의 2코는 1코로 간주하고, 비어 있는 2번과 8번 핀은 e-감기해주세요. 이러한 순서로 2회 더 반복하여 뜨면 한 바퀴 완성입니다.

8 **6번째 바퀴** : 겉뜨기합니다.

12 레이스를 커프스의 둘레보다 약간 더 길게 자른 다음, 둘레 사이즈에 잘 맞게 늘어날 수 있을 만큼 주름을 잡아 커프스의 윗부분에 핀으로 고정시켜주세요. 레이스의 끝을 서로 겹쳐주세요. 커프스의 윗부분이 약간 늘어날 수 있도록 바느질 실로 약간 비스듬하게 꿰매세요.

13 모든 과정을 반복하여 2번째 커프스를 만드세요.

컬러 블록 벙어리 장갑

이렇게 멋진 벙어리장갑을 보셨나요? 쨍한 컬러감이 더해져 쌀쌀한 날씨에도 손을 포근하고 따뜻하게 지켜줄 거예요.

만드는 법

1. 그레이 실과 e-감기 9페이지 참고 방식으로 뜨개룸의 한쪽 끝에서 30코만큼 한 바퀴 둘러 코를 만들어주세요.

2. 겉뜨기 1코, 안뜨기 1코 고무뜨기로 35바퀴 뜬 다음, 겉뜨기로 한 바퀴 떠주세요.

준비할 것

- 리코 에센셜 메리노 DK Rico Essential Merino DK, 100% 메리노 병태사, 타래당 1¾온스(50g), 약 1310야드(120m) : 그레이 24, 그린 42, 레몬 62 각각 1볼
- ¼인치(6mm) 길이의 핀이 50개인 7¼ x 2인치(18 x 5cm) 사이즈의 양말 뜨개룸
- 후크
- 가위
- 돗바늘

사이즈

- 일반 성인 여성 사이즈

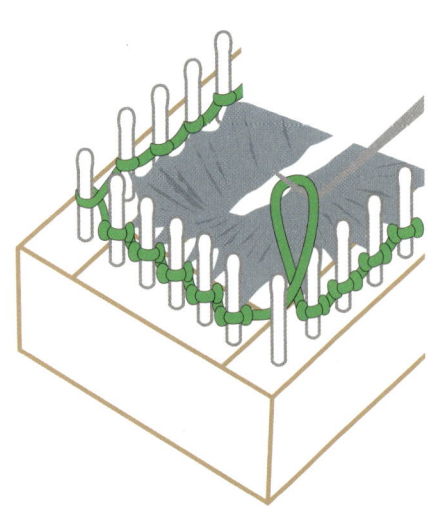

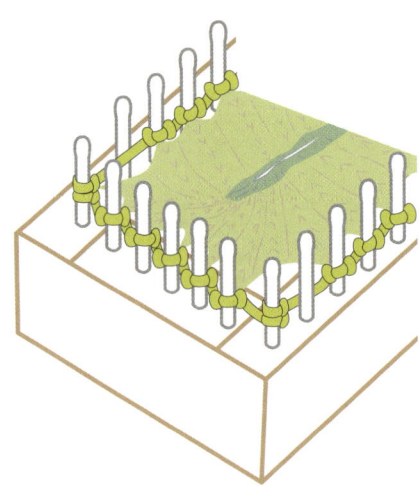

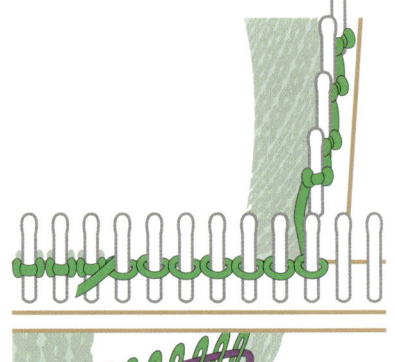

3 양쪽 긴 면의 모든 코들을 한 핀씩 옆으로 옮겨주세요. 그러면 각각의 코너에 비어 있는 핀이 하나씩 생겨납니다. 실을 그린으로 바꾸고, 각각의 코너에서 한 코씩을 더 떠서 4코를 늘려주세요. 이제 34코입니다.

TIP
늘린 부분들이 서로 일정한 간격을 유지하기 위해서는, 약간 까다롭기는 하지만 3에서 코를 옮겨주는 것이 최선입니다.

4 2바퀴 겉뜨기하세요.
----

5 계속해서 그린 실로 3~4를 3회 더 반복하세요. 이제 뜨개룸에는 46코가 걸려 있습니다.
----

6 9바퀴 겉뜨기하세요.
----

7 첫 7코를 여분의 실에 걸어준 다음, 뜨개룸에서 빼주세요. 비어 있는 핀을 e-감기한 다음 계속해서 떠주세요.
-----

8 그린 실로 35바퀴 겉뜨기하세요.
----

9 실을 레몬으로 바꾸고, 멍석뜨기(첫째 단 : 겉뜨기 1코, 안뜨기 1코, 둘째 단 : 안뜨기 1코, 겉뜨기 1코)로 30바퀴 뜨세요.
----

10 4코를 줄입니다. 각각 코너에 있는 1코를 바로 옆에 있는 핀으로 옮겨주세요. 이제 뜨개룸을 42코로 조정해주세요.
----

11 2바퀴 겉뜨기하세요.
----

12 뜨개룸에 30코가 남을 때까지 10~11을 3회 더 반복하세요.

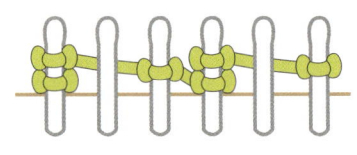

13 이제 10코를 줄입니다. 핀 하나에 2코를 걸고, 한 핀은 건너뛰고, 다시 다음 핀에 2코, 이런 식으로 20코가 남을 때까지 반복하세요.
----

14 모아 코막음10페이지 참고을 한 다음, 모든 실 끝을 꿰매어주세요. 모든 과정을 반복하여 나머지 한 쪽 장갑을 만드세요.

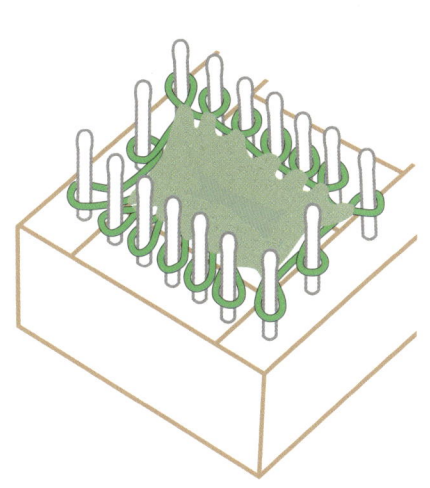

15 엄지손가락을 만들어봅시다. 뜨개 룸을 16핀으로 조정하세요. 7에서 여분의 실에 걸어둔 7코를 1~7번 핀에 걸어준 다음, 9~15번 핀에 e-감기했던 코를 걸어주세요. 엄지손가락 연결 부위에 틈이 생기지 않도록, 양 옆에서 교차하는 코를 하나씩 주워 8번과 16번 핀에 걸어주세요.

16 그린 실을 1번 핀에 걸고 10cm, 또는 원하는 엄지손가락 길이만큼 겉뜨기하세요. 모아 코막음한 다음, 실 끝을 꿰매어주고, 나머지 한 쪽 장갑에도 반복하세요.

종이 뱅글

종이 끈으로 올이 굵은 스타일리시한 팔찌를 만들어봅시다. 여러 개 만들어서 함께 착용해도 멋질 거예요.

준비할 것

- 지름 3mm, 길이 25m의 핑크색과 청록색의 종이끈
- ⅜인치(1cm) 길이의 핀이 8개인 지름 2인치(5cm)짜리 원형 뜨개룸
- 후크
- 가위
- 돗바늘
- 파란색 털실 폼폼

사이즈

- 지름 약 10cm

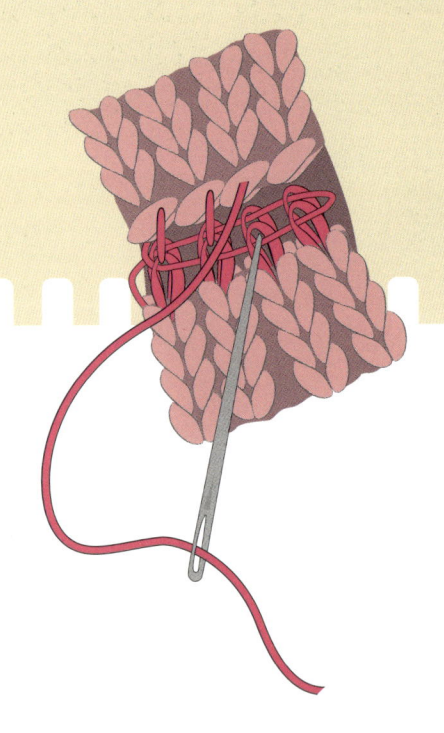

만드는 법

1. 핑크 실을 가지고 e-감기 방식으로 8코를 만드세요.

2. 손 사이즈에 따라 편물의 길이가 25~27.5cm가 될 때까지 겉뜨기하세요.

3. 모아 코막음한 다음, 실 끝을 길게 남겨두세요.

4. 남겨둔 실 끝으로 편물의 양 끝을 함께 깔끔하게 꿰매어 팔찌를 만드세요.

5. 청록색 실로도 만들어봅시다. 이번에는 안뜨기로 떠주세요.

파인애플 장식

보블뜨기한 파인애플 장식으로 열쇠나 가방에 열대의 분위기를 더해보세요.

준비할 것

- 드롭스 파리Drops Paris, 100% 면, 병태사, 타래당 1¾온스(50g), 약 820야드(75m) : 머스터드 41 1볼
- ¼인치(6mm) 길이의 핀이 20개인 7¼ x 2인치(18 x 5cm) 사이즈의 양말 뜨개틀
- 후크
- 가위
- 돗바늘
- 바느질 바늘과 실
- 솜
- 22.5 x 7.5cm 사이즈의 길고 가느다란 초록색 펠트 조각
- 키링·백참 부속품

사이즈

- 길이 약 6cm

만드는 법

1 e—감기 방식으로 20코를 만들어주세요. 겉뜨기로 한 바퀴 뜹니다.

2 겉뜨기 1코 뜬 다음, 핀 2에서 보블 만들기를 시작합니다. 실로 핀을 5번 감아주세요.

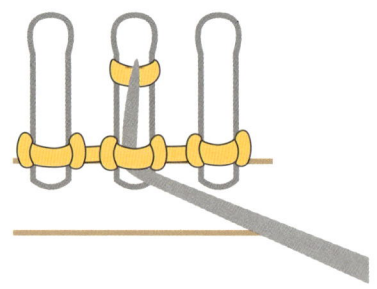

3 후크로 아랫실을 걸어 5번 감은 부분을 넘겨주세요.

4 그런 다음 후크로 맨 아래 감은 부분을 걸어 나머지 4번 감은 부분을 넘겨주세요.

7 다시 뜨개룸을 돌려 정면을 바라본 상태에서, 아랫실을 걸어 윗실을 넘겨 보블을 완성합니다.

5 4를 반복하여 3번 감은 부분, 2번 감은 부분, 마지막으로 1번 감은 부분을 넘겨주세요. 이제 핀에는 1코가 남아 있습니다.

8 전체 뜨개룸을 돌아가며 2~7을 반복하세요. 모든 핀에 보블이 생겼습니다. 겉뜨기로 1바퀴 뜨세요.

6 그 코를 왼쪽 핀으로 옮겨주세요. 그리고 뜨개룸을 돌려 안쪽을 바라본 상태에서, 후크로 제일 처음에 걸어 넘겼던 코를 주워 다시 핀에 걸어주세요. 그다음, 왼쪽 핀으로 옮겼던 코를 다시 핀 2에 걸어주세요.

9 다음 바퀴에서, 1번째 핀에 보블을 만든 다음 겉뜨기 1코 떠주세요. 이러한 순서를 전체 뜨개룸을 돌아가며 반복하세요. 겉뜨기로 한 바퀴 떠주세요.

10 앞서 4바퀴를 3회 더 반복하세요.

11 겉뜨기로 2코 모아뜨기, 겉뜨기 1코, 이러한 순서로 전체 뜨개룸을 돌아가며 반복하세요. 그러면 뜨개룸에 14코가 남습니다. 겉뜨기로 한 바퀴 떠주세요. 모아 코막음합니다.

12 솜을 파인애플에 채워 넣고, 코를 만든 실로 윗부분을 꿰매세요.

13 펠트 조각을 나뭇잎 모양으로 자른 다음 말아서 바느질로 고정시키세요.

14 나뭇잎 모양을 파인애플의 윗부분에 꿰맨 다음, 키링이나 가방 장식 고리에 달아주세요.

TIP

솜을 넣기 전에 타이츠의 발끝 부분이나 망으로 작은 주머니를 만들어 파인애플 안에 넣어주세요. 이렇게 하면 솜이 빠져나가는 것을 방지할 수 있어요.

CHAPTER TWO

가방과 주머니

핸드폰과 타블렛 커버, 아기자기 귀여운 뜨개 가방들

수박 무늬 핸드폰 커버

밝고 다채로운 색상의 과일 무늬 커버는 핸드폰을 안전하게 지켜줄 뿐만 아니라, 실수로 떨어뜨렸을 때도 보호해줄 거예요! 스팽글로 반짝임을 더해 귀여운 동시에 고급스럽답니다.

준비할 것

- 써다 스너글리 병태사 Sirdar Snuggly DK, 55% 나일론 · 45% 아크릴, 병태사, 타래당 1¾온스(50g), 약 1790야드(165m) : 스파이시 핑크 350(A), 리틀 젬 454(B), 우블 403(C), 크림 303(D) 각각 1볼
- 핀의 길이가 ¼인치(6mm)인 양말 뜨개룸, 사이즈 무관
- US 사이즈 E/4(3.5mm) 코바늘
- 후크
- 가위
- 돗바늘
- 검은색 스팽글
- 바느질 바늘과 검은색 실
- 지름 1cm짜리 라임색 단추

사이즈

- 길이 약 15cm

만드는 법

1 리틀 젬(B) 실 2가닥을 가지고 케이블 코 만들기|8페이지 참고| 방법으로 뜨개름의 긴 쪽에 23코를 만드세요.

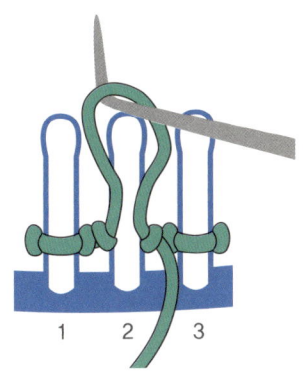

2 1번 코를 겉뜨기한 다음, 2번 코를 핀에서 빼주세요.

3 3번 코를 2번 코에 걸어주세요.

4 2번 코를 3번 코에 걸어주세요.

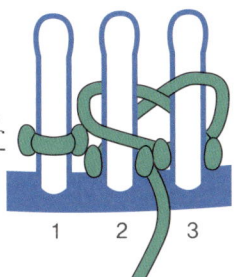

5 3번 코를 겉뜨기해 주세요.

6 2~5(첫 코 겉뜨기는 생략)를 반복하여 1단을 떠주세요.

7 리틀 젬(B) 실로 3단 더 반복하세요.

8 실 1가닥을 우블(C) 실로 바꾸고 2단 뜨세요.
리틀 젬(B) 실 남은 1가닥을 우블(C) 실로 바꾸고 2단 뜨세요.
실 1가닥을 크림(D) 실로 바꾸고 2단 뜨세요.
우블(B) 실 남은 1가닥을 크림(D) 실로 바꾸고 2단 뜨세요.
실 2가닥 모두를 스파이시 핑크(A) 실로 바꾸고 50단 뜨세요.

9 8~7을 역으로 반복해 반대편 수박 무늬를 만드세요.

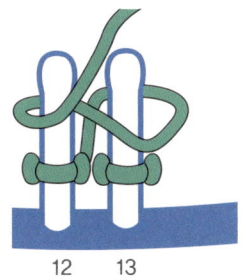

10 11번 코까지 코막음한 다음, 12번과 13번 코를 8자뜨기|13페이지 참고| 하여 2cm짜리 단추 고리를 만드세요.

11 단추 고리 끝에서 코막음하고 실을 길게 남겨두세요. 리틀 젬(B) 실로 매듭을 만들어 다시 14번 코에 걸어주고 남은 코들을 코막음합니다.

12 검은색 실로 스팽글을 핑크색 부분에 꿰매세요. 수박씨처럼 보이도록 적당히 간격을 두세요.

13 편물을 반으로 접어 옆면을 꿰매어 주세요.

14 안쪽이 겉으로 나오도록 케이스를 뒤집은 다음, 남겨놓은 실 끝으로 고정되지 않은 고리의 한쪽 끝을 몇 땀 꿰매어주세요.

15 다시 겉면이 나오도록 뒤집으세요. 고리와 잘 맞도록 반대쪽에 단추를 달아주세요.

폼폼 배낭

재미있는 폼폼 장식의 이 배낭은 특이할 뿐만 아니라 실용적이기까지 합니다! 빈티지 원단을 이용, 조절이 가능한 끈을 만들어 완성도를 높이세요.

준비할 것

- 디엠씨DMC Natura XL, 100% 면, 극태사, 타래당 3½ 온스(100g), 약 820야드(75m) : 셰이드 109(피치색) 3볼
- 얀스 앤 컬러스 에픽 Yarns and Colorss Epic., 100% 면, 병태사, 타래당 1¾ 온스(50g), 약 820야드(75m) : 오키드 052, 롤리팝 036, 페스토 085 각각 1볼
- ⅜인치(9mm) 길이의 핀이 82개인 지름 10¼인치(26cm)의 원형 뜨개룸
- 후크
- 가위
- 지름 8cm의 단단한 종이 원통 2개, 또는 3¼인치(8cm) 폼폼 메이커
- 빈티지 원단 : 1.5 x 4cm 사이즈의 끈 4개, 35 x 4cm 사이즈의 끈 2개
- 3cm 사이즈의 길이 조절 고리 2개
- 3cm 사이즈의 D-링 2개
- 바느질 바늘과 흰색 실

사이즈

- 너비 약 30cm, 길이 약 38cm

만드는 법

1. 피치색 실을 가지고 e-감기 9페이지 참고 기법으로 13코를 만들어주세요. 겉뜨기 1단, 안뜨기 1단 뜹니다.

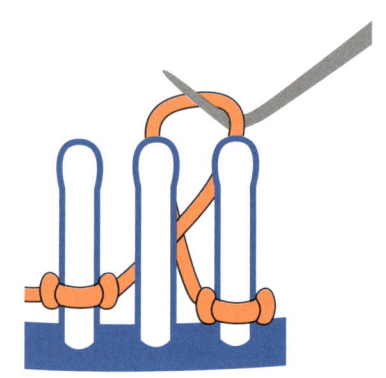

2. 다음 단에서 2번 늘려줍니다. 뜨개룸의 1번째 코를 왼쪽 핀으로 옮기고, 바로 아랫단의 코를 주은 다음 꼬아서 비어 있는 핀에 걸어주세요. 마지막 코를 오른쪽 핀으로 옮기고, 바로 아랫단의 코를 주은 다음 꼬아서 비어 있는 핀에 걸어주세요. 이제 뜨개룸에는 15코가 걸려 있습니다. 겉뜨기 1단, 안뜨기 1단 해주세요.

3. 2를 4회 더 반복합니다. 이제 뜨개룸에는 23코가 걸려 있습니다.

4 가터스티치(겉뜨기 1단, 안뜨기 1단)로 31단을 떠주세요. 가방의 덮개 부분이 만들어졌어요. e-감기 방식으로 남은 핀 모두에 코를 만들고, 가터스티치로 80단 떠주세요. 가방의 몸통 부분이 만들어졌습니다.

5 73번 핀까지 겉뜨기하세요. 가방의 다음 부분인 바닥을 만들기 위해 이제 33~74번 코까지 떠줄 거예요. 참고로, 양말의 발가락도 이와 똑같은 방법으로 만들어집니다.

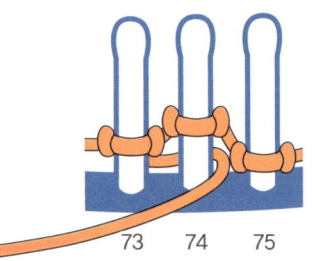

6 74번 코를 핀에서 빼고, 실을 핀의 뒤쪽으로 감은 다음, 74번 코를 다시 원위치에 걸어주세요.

7 이제 안뜨기로 32번 코까지 되돌아가고, 33번 코를 핀에서 빼고, 실을 핀의 뒤쪽으로 감은 다음, 33번 코를 다시 원위치에 걸어주세요.

8 5~7을 반복하면서, 매번 겉뜨기 또는 안뜨기를 할 때마다 1코씩 덜 떠주세요. 그러면 33~45번까지의 코와 74~62번까지의 코는 모두 핀에 2코씩 걸려있고, 그 사이의 15코는 1코씩만 걸리게 됩니다.

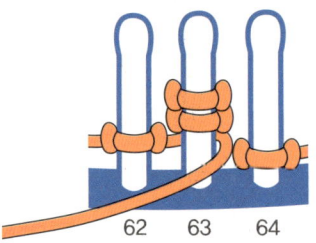

9 다음 단에서, 61번 코까지 겉뜨기하고, 62번 핀의 2코를 1코로 간주하여 겉뜨기합니다. 그다음 핀 63의 2코를 핀에서 빼고, 실을 핀의 뒤쪽으로 감은 후, 빼놓은 2코를 다시 원위치에 걸어주세요. 이제 63번 핀에 3코가 걸리게 됩니다.

10 이제 안뜨기로 44번 코까지 되돌아가고, 45번 핀의 2코를 1코로 간주하여 겉뜨기합니다. 그다음 핀 46의 2코를 핀에서 빼고, 실을 핀의 뒤쪽으로 감은 후, 빼놓은 2코를 다시 원위치에 걸어주세요. 이제 45번 핀에 3코가 걸리게 됩니다.

11 9~10을 반복하면서, 매번 겉뜨기 또는 안뜨기를 할 때마다 1코씩 더 떠주세요. 그러면 결국 모든 코에 1코만 걸리게 됩니다. 이렇게 하면 커피 잔 모양이 만들어질 거예요. 코막음해주세요.

12 이제 오키드, 페스토, 롤리팝 실로 폼폼17페이지 참고을 각각 2개씩 만들어주세요. 적당한 길이의 피치색 실로 폼폼을 가방 덮개의 둘레에 꿰매세요.

13 피치색 실을 1m 길이로 3개 자른 다음, 끝에서 5cm 떨어진 곳에서 매듭을 지어주세요. 전체를 땋고, 반대쪽 끝으로부터 5cm 떨어진 곳에서 매듭을 지어주세요. 양쪽 끝의 실을 풀어주세요. 줄을 당겨 가방을 여닫을 수 있도록 땋은 끈을 가방의 윗부분에 둘러 꿰매세요.

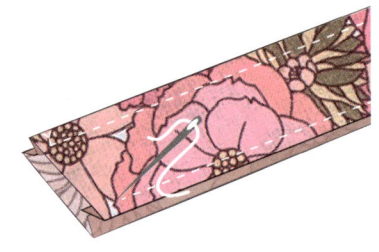

14 끈을 만들어봅시다. 1.5m x 4cm의 원단 조각 2개를 앞면이 서로 맞닿도록 두고, 원단의 긴 면 가장자리에서 5mm 들어선 곳을 손바느질이나 재봉틀로 꿰매세요.
뒤집어서 다린 다음, 끈의 양쪽 끝의 가장자리에서 3mm 들어선 곳을 꿰매세요. 동일한 방법으로 나머지 2개의 원단으로 두 번째 끈을 만든 다음, 동일한 방법으로 35cm 원단 조각 2개로 손잡이를 만드세요.

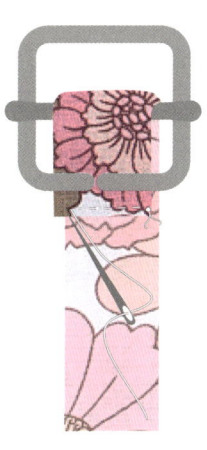

15 끈의 한쪽 끝을 길이 조절 고리의 가운데 막대에 감은 다음 적절한 곳을 꿰매세요. 두 번째 끈과 길이 조절 고리에도 반복하세요.

16 손잡이의 양쪽 끝을 D-링에 각각 통과시켜서 접고, 적절한 곳을 꿰매세요. 그다음 끈의 묶여 있지 않은 다른 쪽 끝을 D-링 1개에 통과시키고, 이어서 길이 조절 고리에 통과시키세요. 나머지 끈도 손잡이의 다른 쪽 끝에 동일한 방식을 반복하세요.

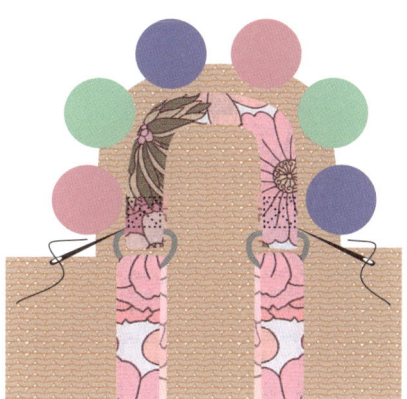

17 손잡이 끝을 가방 덮개가 시작되는 가방의 위쪽에 꿰매세요. D-링의 바로 아래쪽을 박스 스티치로 꿰매면 됩니다. 손잡이의 정리되지 않은 끝 부분을 박스 스티치 아래에 숨겨주세요.

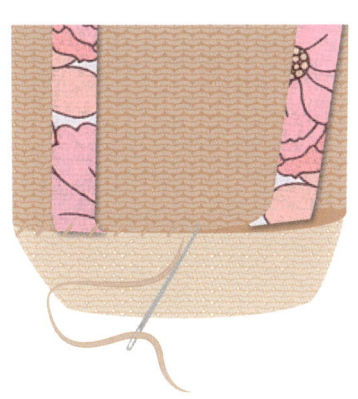

18 긴 끈의 아래쪽 끝을 각각 가방 밑부분 열려진 곳의 양쪽에 넣어준 다음, 슬립 스티치로 솔기를 꿰매는 동시에 끈도 꿰매어주세요.

스페이드 & 실크 클러치 백

리넨 스티치로 만드는 작고 귀여운 클러치 백입니다. 리넨 스티치는 간단하지만, 위빙백과 같이 짜인 원단 같은 효과를 낸답니다. 스웨이드 가방 덮개와 작은 태슬 장식을 더하면 가볍게 들기 좋은 클러치 백이 완성됩니다.

준비할 것

- 말라브리고 실키 메리노Malabrigo Silky Merino, 50% 실크 · 50% 울, 병태사. 타래당 1¾온스(50g), 약 1490야드(137m) : 아치앤젤 850 1볼
- ¼인치(6mm) 길이의 핀이 60개인 7¼ x 2인치(18 x 5cm) 사이즈의 양말 뜨개룸
- US 사이즈 E/4(3.5mm) 코바늘
- 후크, 가위, 돗바늘
- 30 x 15cm 사이즈의 패턴이 있는 면 원단
- 바느질 바늘과 흰색 실
- 16 x 12cm 사이즈의 얇은 갈색 스웨이드
- 가죽 바늘과 튼튼한 실
- 4cm 길이의 정사각형의 금색 가죽
- 금색 태슬 캡
- 글루건

사이즈

- 높이 약 14cm, 너비 약 14cm

만드는 법

1 케이블 코 만들기 8페이지 참고로 60코를 만드세요. 겉뜨기로 한 바퀴 떠주세요.

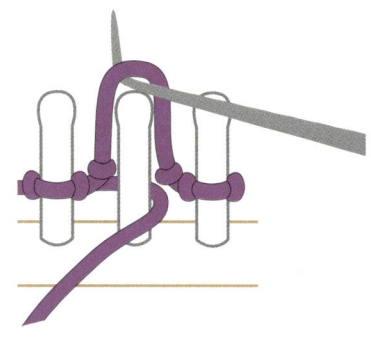

2 2번째 바퀴 : 다음과 같이 리넨 스티치를 뜨세요. 1번 코를 겉뜨기하고, 그다음 코를 핀에서 빼고, 타래쪽 실을 코 뒤쪽으로 감아주세요.

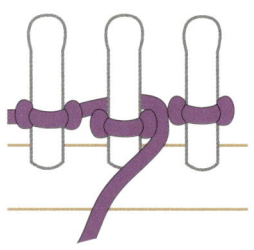

3 코를 다시 핀에 걸어주세요.

4 2~3을 반복하여 1바퀴 뜨세요.

5 3번째 바퀴 : 겉뜨기하세요.

4번째 바퀴 : 코를 빼고, 실을 핀의 뒤쪽으로 감고, 겉뜨기 1 하세요. 반복해 한 바퀴 떠주세요.

5번째 바퀴 : 겉뜨기하세요.

6 편물의 길이가 15cm가 될 때까지 앞서 4단(**2**~**5**번 과정)을 반복하세요.

7 전체 코의 반을 여분의 실에 걸어두고, 맞은편 핀(1번 코는 60번 핀에, 2번 코는 59번 핀에, 이런 식으로)에 걸어주세요. 그러면 60~31번 핀까지 2코가 걸리게 됩니다. 아래의 코를 걸어 위의 코를 넘겨 풀어지지 않게 하여 가방의 밑 부분을 완성합니다. 코막음하세요.

8 적당한 길이의 실로 가방 양 옆쪽 솔기를 꿰매세요.

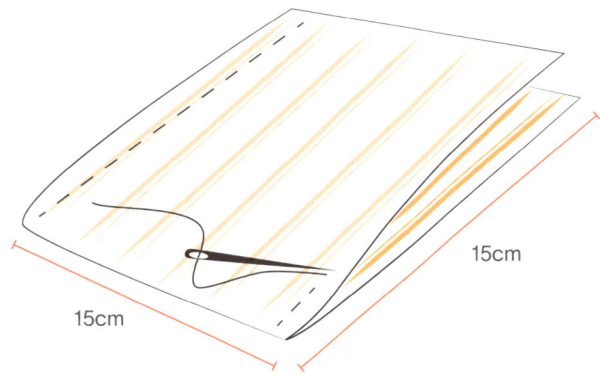

9 준비해둔 원단을 반으로 접어 앞면을 서로 맞닿게 하고, 양 옆쪽을 따라 꿰매어 안감을 만드세요. 위쪽 가장자리를 뒷면 쪽으로 접은 다음 다려주세요.

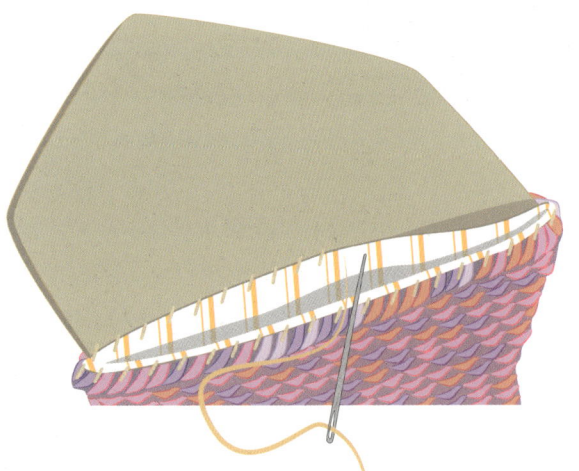

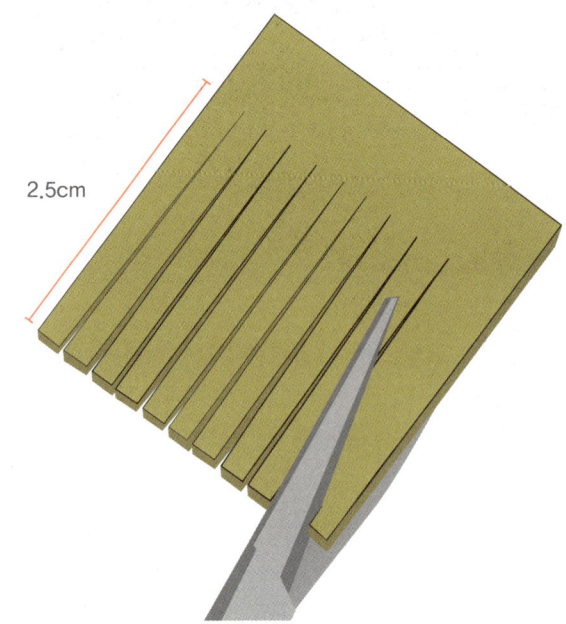

10 125페이지의 도안에 따라 스웨이드로 가방 덮개를 잘라 주세요.

11 서로 뒷면이 만나도록 안감을 편물 안쪽으로 넣은 다음, 스웨이드 덮개를 그 두 겹 사이에 넣어주세요. 가죽 바늘과 전용 실로 세 겹을 동시에 꿰매세요. 가방 입구의 나머지 부분도 일반 바늘과 흰색 실을 가지고 안감을 편물에 꿰매어주세요.

12 준비해둔 조그마한 정사각형의 금색 가죽을 5mm 간격, 3cm 길이로 잘라주세요. 끝까지 자르지 않도록 유의하세요.

13 가죽 조각을 단단히 말고, 글루건을 이용하여 태슬 캡 안쪽에 붙이세요.

14 가죽 바늘로 태슬을 가방 덮개 앞쪽에 꿰매세요.

케이블 핫팩 커버

쌀쌀한 겨울엔 부드럽고 포근한 핫팩 커버와 함께 하세요. 케이블 디자인이 여러분의 룸니팅 실력에는 무리라고 생각될 수도 있지만, 보는 것만큼 어렵지 않아요. 한번 도전해보세요!

준비할 것

- 캐스케이드Cascade Yarns 220 Superwash, 100% 울, 병태사, 타래당 3½온스(100g), 약 2200야드(200m) : 라벤더 1949 2볼
- ⅜인치(9mm) 길이의 핀이 72개인 지름 8½인치(22cm)의 원형 뜨개룸
- 후크
- 안전핀
- 가위
- 돗바늘
- 핫팩
- 길이 80cm, 너비 1cm짜리 핑크색 벨벳 리본
- 돗바늘

사이즈

- (당기지 않은 상태에서) 길이 41cm, 너비 19cm

만드는 법

1 e-감기 9페이지 참고 방식으로 72코를 만드세요.

2 안뜨기로 2단을 떠주세요.

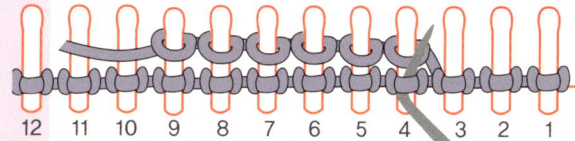

3 1번째 바퀴 : 안뜨기 3코, e-감기 겉뜨기 6코, 안뜨기 3코 떠주세요. 이러한 순서를 전체 뜨개룸에 걸쳐 5회 더 반복하세요.

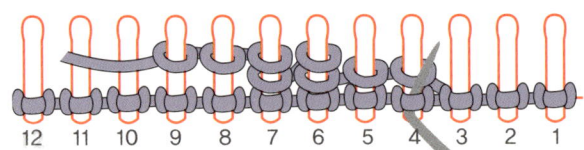

4 2번째 바퀴 : 안뜨기 3코, 4번과 5번 핀은 실을 2번씩 감은 다음 아랫실을 걸어 위의 2번 감은 실을 넘겨주고, 6~9번 코까지 e-감기 겉뜨기12페이지 참고, 안뜨기12페이지 참고 3코 떠주세요. 이러한 순서를 전체 뜨개룸에 걸쳐 5회 더 반복하세요.

8 5번째 바퀴 : 안뜨기 3코, 핀 4와 5는 e-감기 겉뜨기, 6번과 7번의 핀은 실을 2번씩 감은 다음 양쪽 핀 모두 아랫실을 걸어 윗실을 넘겨주세요. 8번과 9번 핀은 e-감기 겉뜨기, 안뜨기 3코 떠주세요. 이러한 순서를 전체 뜨개룸에 걸쳐 5회 더 반복하세요.

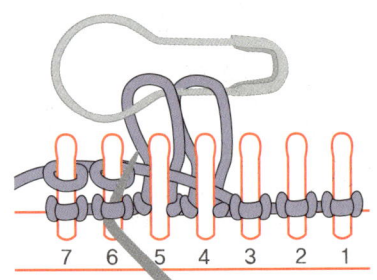

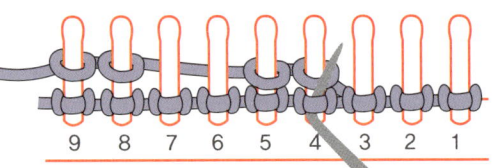

5 3번째 바퀴 : 안뜨기 3코, 5번과 4번의 코를 핀에서 뺀 다음(이전 단에서 두 번 감았기 때문에 코가 좀 더 길어요) 안전핀에 걸어두고, 타래쪽 실을 4번과 5번 코 앞에 두고, 6번과 7번 코를 e-감기 겉뜨기해주세요.

9 6번째 바퀴 : 안뜨기 3코, 4번과 5번 코는 e-감기 겉뜨기하고, 6번과 7번 핀은 건너뛰고, 8번과 9번 코는 e-감기 겉뜨기하세요.

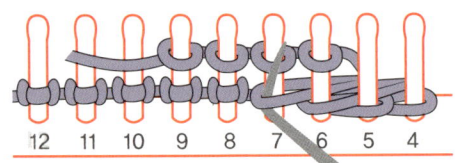

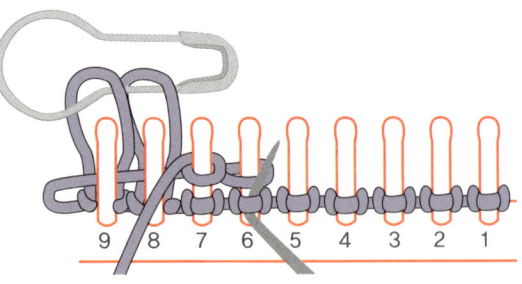

6 6번 코를 핀 4에, 7번 코를 핀 5에 걸어주세요. 4번 코를 핀 6에, 5번 코를 핀 7에 걸어주세요. 6~9번 코를 e-감기 겉뜨기하고, 안뜨기 3코 떠주세요. **5~6**의 순서를 전체 뜨개룸에 걸쳐 5회 더 반복하세요.

10 9번과 8번 코를 안전핀에 걸어주세요. 실을 앞쪽으로 가져와 6번과 7번의 코를 e-감기 겉뜨기하세요.

7 4번째 바퀴 : 1번째 바퀴를 반복하세요.

11 7번 코를 핀 9에, 6번 코를 핀 8에 걸어주고, 8번 코는 핀 6에, 9번 코는 핀 7에 걸어주세요. 안뜨기 3코 떠주세요.

12 9〜11의 순서를 전체 뜨개룸에 걸쳐 5회 더 반복하세요.

13 1〜6번째 바퀴(3〜12번 과정)를 3회 더 반복하세요.

14 핫팩 커버의 몸통 부분에 무늬를 좀 더 넣어주기 위해, 모든 단에서 각 순서마다 1번과 12번 코를 e-감기 겉뜨기해주세요. 이제 1번에서 6번째 바퀴를 반복하여 72단을 더 떠주세요.

15 다음 단에서, 1번부터 36번까지의 코를 여분의 실에 걸어준 다음, 반대편 핀에 걸어주세요. 즉 1번 코를 핀 72에, 2번 코를 핀 71에, 이런 식으로 걸어주면 됩니다. 아랫실을 걸어 윗실을 넘겨주세요.

16 코막음하세요.

17 준비해둔 리본을 무늬가 시작되는 곳에 있는 구멍들에 통과시키세요. 핫팩을 안에 넣고 리본을 당겨 묶어주세요.

니트 장바구니

입구가 열려 있는 니트 장바구니로, 장 보러 갈 때 제격이에요. 인조 가죽 손잡이로 조금 더 견고하고 완성도 있는 마무리를 할 수 있습니다. 견고한 짜임을 위해 실 2가닥을 함께 잡고 떠주세요.

준비할 것

- 얀 앤 컬러스 차밍 Yarn and Colors Charming, 68% 면 · 32% 아크릴, 중세사, 타래당 1¾온스(50g), 약 1110야드(102m) : 머스터드 015 2볼
- 네온핑크색 실 약간
- ⅜인치(9mm) 길이의 핀이 82개인 지름 10¼인치 (26cm)의 원형 뜨개룸
- US 사이즈 E/4(3.5mm) 코바늘
- 후크
- 가위
- 오렌지색 인조 가죽 가방 손잡이 58cm

사이즈

- (당기지 않은 상태에서) 길이 27cm, 너비 28cm

만드는 법

1 2개 실타래의 실 끝을 함께 잡고, 케이블 코 만들기 8페이지 참고 방법으로 82코를 만들어주세요. 가터스티치(겉뜨기 1단, 안뜨기 1단)로 7단을 떠주세요.

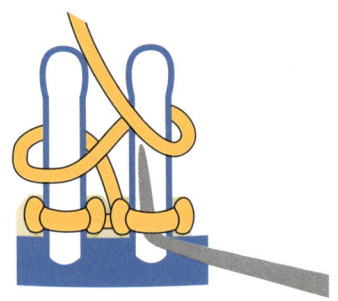

2 이제 실의 1가닥만 가지고 가방의 나머지 부분을 만들어주세요. 핀 2와 1에 8자뜨기 13페이지 참고를 해주세요. 핀 2의 뒤쪽을 감은 실을 앞으로 가져온 다음 핀 1의 뒤쪽을 감고, 이어서 핀 1의 앞쪽을 감아주면 됩니다.

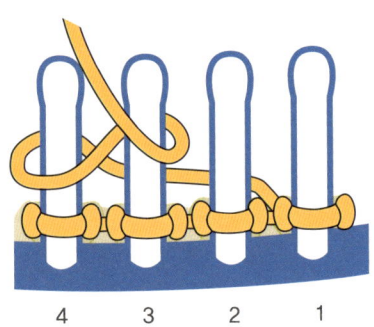

3 핀 4와 3에 2를 반복합니다. 2~3을 전체 뜨개룸에 걸쳐 반복하세요.

4 다음 단을 겉뜨기하세요.

5 겉뜨기 1코 한 다음, 전체 뜨개룸에 걸쳐 8자뜨기를 해주세요. 핀 2와 3, 핀 4와 5, 이러한 순서로 8자뜨기를 하면 됩니다. 그리고 남은 1코는 겉뜨기해주세요. 이어서 다음 단을 겉뜨기하세요.

6 앞서 4단(**2~5**번 과정)을 가방의 길이가 대략 25cm, 또는 원하는 사이즈가 될 때까지 반복하세요.

7 겉뜨기로 2코 모아뜨기, 1코 건너뛰기를 전체 뜨개룸에 걸쳐 반복하세요. 이제 뜨개룸에는 55코가 남아 있습니다.

8 패턴을 한 번 더 반복하세요. 즉, **2~5**를 반복하여 4단을 더 떠주세요.

9 모아 코막음 10페이지 참고 해주세요.

10 준비해둔 네온핑크색 실로 가방 손잡이 끝을 가방 양쪽에 꿰매면 완성됩니다.

기하학 무늬 태블릿 커버

기하학 무늬의 보드라운 니트 커버로 일상의 충돌과 충격으로부터 태블릿을 보호하세요. 포근하고 두꺼운 짜임을 위해 실 2가닥을 함께 잡고 만드세요.

준비할 것

- 드롭스 코튼 메리노Drops Cotton Merino, 50% 울·50% 코튼, 병태사, 타래당 1¾온스(50g), 약 120야드(110m)
  : 머스터드 옐로 15, 코랄 13, 미디엄 그레이 18 각각 1볼
- ⅜인치(9mm) 길이의 핀이 52개인 지름 6¼인치(16cm)의 원형 뜨개틀
- 후크
- 가위
- 돗바늘

사이즈

- (당기지 않은 상태에서) 길이 28cm, 너비 16cm

만드는 법

1 실의 절반을 감아 2타래로 만드세요. 그다음 각각의 타래에서 1가닥씩 가져와 실 2가닥을 하나의 타래로 감아주세요.
3가지 색상의 실 모두 반복하세요.

2 머스터드색 실 2가닥을 가지고 e-감기 코 만들기 9페이지 참고 방법으로 52코를 만들어주세요.

3 가터스티치(겉뜨기 1단, 안뜨기 1단)로 20단을 떠주세요.

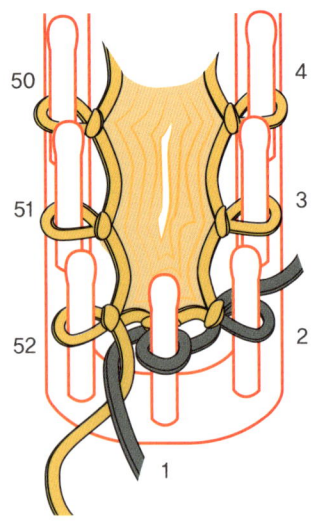

4 그레이색 실 2가닥으로 매듭을 만들어 핀 1에 걸어준 다음, 그레이색 실로 1~2번 코를 겉뜨기하세요.

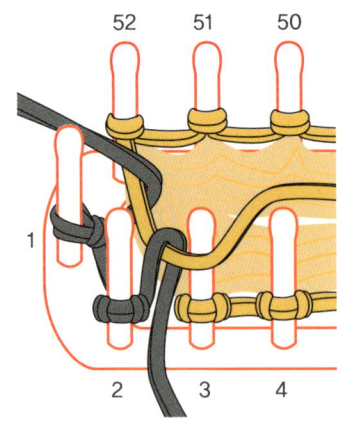

5 머스터드색 실과 그레이색 실 끝을 꼬아준 다음, 다시 머스터드색 실로 51번 핀까지 49코를 겉뜨기하세요.

6 그레이색 실로 52번 핀까지 되돌아가며 3코 안뜨기하세요. 머스터드색 실과 그레이색 실 끝을 함께 꼬아준 다음, 머스터드색 실로 핀 4까지 되돌아가며 안뜨기하세요.

7 겉뜨기 단과 안뜨기 단을 앞뒤로 방향을 바꿔가며 반복하세요. 각 단마다 그레이색 코를 한 코씩 늘려서, 그레이색 코만 있을 때까지 반복합니다.

8 그레이색 실로 가터스티치를 5단 떠주세요.

9 핑크색 실을 더해 **4~8**을 반복하세요.

10 1~26번까지의 코를 여분의 실에 걸어주세요. 1번 코는 핀 52에, 2번 코는 핀 51에, 이런 식으로 걸어주세요. 아랫실을 걸어 윗실을 넘겨주세요. 코막음하세요.

오리가미 가방

종이접기 하듯 삼각형 모양의 가방을 만들어보아요. 뜨기도 쉽고 모양 잡기도 간단하답니다. 가방의 무늬는 가방 모양을 잡는 방법을 더욱 돋보이게 해줄 거예요.

준비할 것

- 라이언 브랜드 홈타운 유에스에이 Lion Brand Hometown USA, 100% 아크릴, 극태사, 타래당 5온스(142g), 약 800야드(74m) : 켄터키 블루 110 2볼
- ¾인치(18mm) 길이의 핀이 48개인 17인치(43cm) 길이의 긴 뜨개룸
- 후크
- 가위
- 돗바늘
- 75 x 15cm의 파란색 패턴이 있는 원단
- 바느질 바늘과 파란색 실

사이즈

- (당기지 않은 상태에서) 길이 30cm, 너비 30cm

만드는 법

1. e—감기 9페이지 참고 방식으로 32코를 만들어주세요. 1번째 단은 겉뜨기 3코, 안뜨기 1코를 단의 끝까지 반복하세요. 2번째 단은 안뜨기 1코, 겉뜨기 3코를 단의 끝까지 반복하세요. 편물이 너비보다 길이가 3배가 더 긴 직사각형이 될 때까지 이러한 순서를 반복하세요. 코막음하세요.

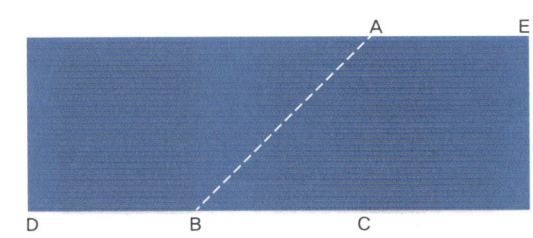

2. 편물의 A점과 B점을 잇는 선을 접어주세요. 그러면 C점과 위쪽 모서리가 만나게 됩니다.

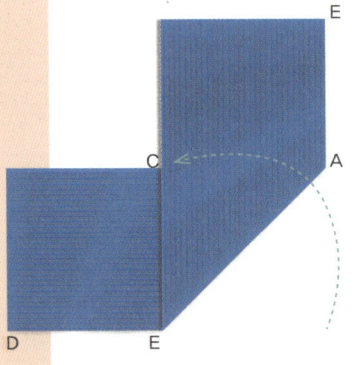

3. 그다음 D점과 C점이 만나도록 왼쪽 아래를 접어주세요. B점과 D/C점을 잇는 솔기를 꿰매어주세요.

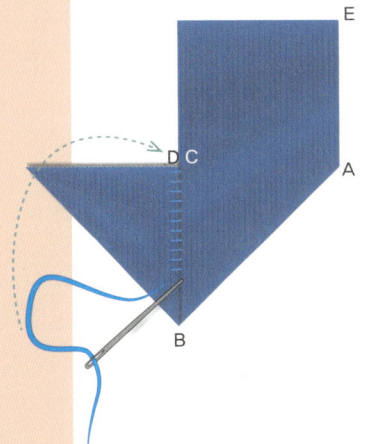

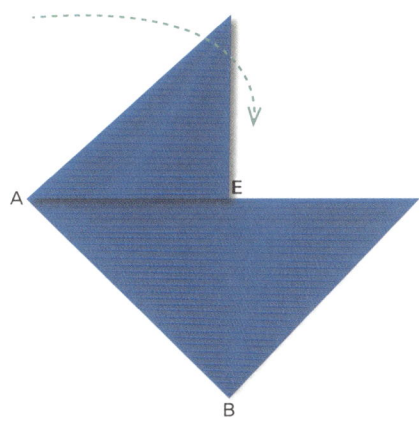

4 전체를 뒤집고, 중심을 향해 E점을 접어주세요. 솔기를 따라 꿰맵니다.

5 준비해둔 원단을 124페이지의 도안에 따라 2개, 60 x 5cm 길이의 긴 끈으로 3개 잘라주세요.

6 손잡이를 만들기 위해 긴 끈 1개를 뒷면이 서로 맞닿도록 반으로 접고, 긴 면의 가장자리에서 5mm 들어선 곳을 꿰매어주세요. 겉면이 나오도록 뒤집으면 원통형의 끈이 만들어집니다. 나머지 2개의 긴 끈도 동일한 방법을 반복한 다음, 3개를 함께 땋아주세요.

7 사다리꼴로 자른 2개의 원단 모두 윗부분과 아랫부분의 가장자리를 감쳐주세요.

8 2개의 원단을 각각 뒷면이 서로 맞닿도록 반으로 접은 다음 끝 솔기를 꿰매어주세요. 겉면이 나오도록 뒤집어서 고리 모양을 만드세요.

9 고리 1개를 가방의 한쪽 모서리에 통과시킨 다음, 땋아서 만든 손잡이의 한쪽 끝을 집어넣으세요. 손잡이 끝을 포함한 모든 면을 동시에 함께 꿰매어주세요. 가방의 다른 한쪽 모서리에 남은 고리와 손잡이의 다른 쪽 끝으로 반복하세요.

10 가방을 잠글 수 있도록, 10cm의 실로 만든 고리를 D점과 C점이 만나는 곳에 꿰매어주세요. 그다음 가방을 뒤집어 가방의 앞쪽, 고리와 잘 맞는 위치에 큰 구슬을 꿰매어주세요.

CHAPTER THREE

아이들을 위한 니팅

귀여운 인형과 장난감부터 워머와 헤드밴드, 옷과 신발

나비 모양 가랜드

작고 귀여운 나비 모양 가랜드는 아이들 침실이나 놀이방에 딱이에요. 전통의 '니팅 낸시(Knitting Nancy)'로도 만들 수 있어요. 아이들과 함께 만들어보는 건 어떨까요?

준비할 것

- 스타일크래프트Stylecraft Special DK, 100% 아크릴, 병태사, 타래당 3½온스(100g), 약 3220야드(295m) : 아스펜 1422, 매터도어 1010, 마젠타 1084, 시트론 1263, 슈림프 1132, 세이지 1725, 스파이스 1711, 페트롤 1708 각각 1볼
- ¾인치(18mm) 길이의 핀이 5개인 지름 1인치(2.5cm)의 원형 뜨개룸
- 5mm 굵기의 끈 6.3m를 동일한 길이의 9개로 잘라서 준비
- 후크
- 가위
- 바느질 바늘과 실

사이즈

- 길이 약 118cm

만드는 법

1 아무 색 실과 e-감기 9페이지 참고 방식으로 5코를 만들어주세요.

2 5cm 정도 겉뜨기한 다음, 튜브 모양의 편물 안으로 준비해둔 끈 중 하나를 집어넣으세요.

3 끈도 함께 밀어 넣어가며 편물이 60cm가 될 때까지 계속 겉뜨기하세요. 그다음 대비되는 색상의 실로 10cm 더 겉뜨기하세요.

4 모아 코막음 10페이지 참고 해주세요. 모든 실 끝을 꿰매어준 다음, 맨 앞도 꿰매어 튜브 모양 편물 안에서 끈이 완전히 감춰질 수 있도록 해주세요. 사진을 참고하여 다른 색깔 조합으로 8개 더 만드세요.

5 튜브 모양의 편물 1개를 그림과 같이 나비 모양으로 구부리세요. 첫 번째 색상은 날개 부분으로 만들고, 두 번째 색상은 한 바퀴 둘러 머리와 몸통 부분으로 만들어주세요. 바느질 바늘과 실로 적절한 곳을 꿰매어주세요. 가능한 한 바늘땀이 보이지 않을 정도로 작게 꿰매세요.

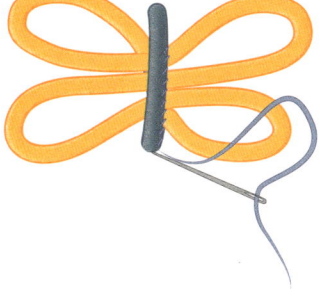

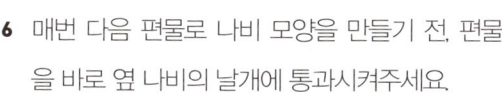

6 매번 다음 편물로 나비 모양을 만들기 전, 편물을 바로 옆 나비의 날개에 통과시켜주세요.

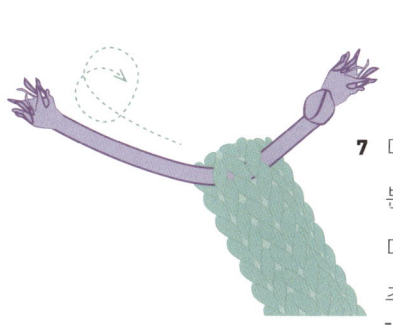

7 대비되는 색상의 짧은 실을 몸통의 윗부분에 꿰어준 다음, 양쪽 끝에 매듭을 지어 더듬이를 만드세요. 적당한 길이로 잘라주세요.

고양이 양말

발을 포근하게 감싸주는 이 양말은 나른한 주말에 어울리는 완벽한 소품이에요! 귀여운 귀 부분은 따로 떠놓은 다음, 뜨개를 하면서 뜨개룸으로 연결하세요.

준비할 것

- 스타일크래프트 Stylecraft Special DK, 100% 아크릴, 병태사, 타래당 3½온스(100g), 약 3220야드(295m) : 아스펜 1422(A), 스파이스 1711(B), 파치먼트 1218(C) 각 1볼, 얼굴 표현을 위한 회색 실 약간
- ¼인치(6mm) 길이의 핀이 44개인 7¼ x 2인치 (18 x 5cm) 사이즈의 양말 뜨개룸
- 후크
- 돗바늘
- 핑크색 펠트
- 바느질 바늘과 핑크색 실
- 가위

사이즈

- 신발 사이즈 US 6~9(UK 4~7)

만드는 법

1. 실의 절반을 감아 2타래로 만드세요. 그다음 각각의 타래에서 1가닥씩 가져와 실 2가닥을 하나의 타래로 감아주세요. 이를 3가지 색상의 실 모두 반복하세요.
   아스펜(A) 실 2가닥을 동시에 잡고 e-감기 9페이지 참고 방식으로 44코를 만들어주세요.

2. 겉뜨기 2코, 안뜨기 2코 고무뜨기로 12단 떠주세요.

3. 다음 40단은 겉뜨기로만 떠주세요.

4. 이제 경사뜨기로 뒤꿈치 모양을 잡아봅시다. 뜨개룸의 처음 22코만 가지고 뜰 거예요.

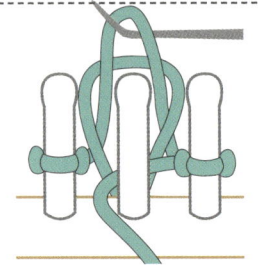

5. 1~21번의 코를 겉뜨기한 다음, 22번째 코를 핀에서 빼고, 실을 핀의 뒤쪽에서 감아주세요.

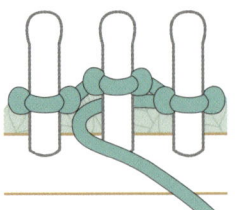

6. 코를 다시 제자리 핀에 걸어주면 실 끝은 시작점을 향하게 됩니다.

7 이제 21~2번 코까지 되돌아가며 겉뜨기한 다음, 1번째 코를 핀에서 빼고 실을 감고, 코를 다시 제자리에 걸어주세요. **5**~**6**와 동일합니다.

8 각 단마다 1코씩 덜 뜨고 다음 코를 실로 감아주면서 **5**~**7**을 반복하세요. 실을 감은 코가 시작점에서 7코, 22번째 코에서 역순으로 7코이고, 그 사이 1코씩 걸린 코가 8코가 될 때까지 반복합니다.

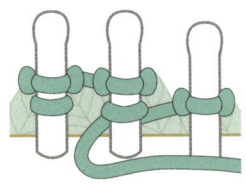

9 다음 단에서 8~15번 코까지 겉뜨기한 다음, 16번 핀의 2코를 1코로 간주하여 겉뜨기하세요. 17번 핀의 2코를 핀에서 빼고, 실을 핀의 뒤쪽에서 감고, 빼놓은 2코를 다시 제자리에 걸어주세요. 그럼 이제 17번 핀에서 3코가 걸려 있습니다.

10 15~8번까지 겉뜨기한 다음, 7번 핀의 2코를 1코로 간주하여 겉뜨기합니다. 6번 핀의 2코를 핀에서 빼고, 실을 감고 빼놓은 2코를 다시 제자리에 걸어주세요. 그럼 이제 6번 핀에는 3코가 걸려 있습니다.

11 8~16번까지 겉뜨기합니다. 17번 핀의 3코를 1코로 간주하여 겉뜨기한 다음, 18번 핀의 2코를 핀에서 빼고, 실을 감고 빼놓은 2코를 다시 제자리에 걸어주세요. 17~7번 코까지 겉뜨기한 다음, 6번 핀의 3코를 모두를 겉뜨기합니다. 5번 핀의 2코를 핀에서 빼고, 실을 감고 빼놓은 2코를 다시 제자리에 걸어주세요.

12 각 단마다 1코씩 더 뜨면서 **11**을 반복하세요. 모든 핀에 다시 1코씩 걸려 있게 되고, 22번 코로 돌아올 때까지 반복합니다. 뒤꿈치 부분이 완성되었어요.

13 뒤꿈치 부분을 보강하기 위해, **5**~**6**에서 했던 것처럼 23번 코를 핀에서 빼고 실을 핀의 뒤쪽으로 감습니다. 그리고 빼놓은 코를 다시 핀에 걸어준 다음, 왼쪽에서 오른쪽 방향으로 되돌아가며 1번 코를 향해 겉뜨기하세요. 44번 코(1번 코의 오른쪽 코)를 핀에서 빼고 실로 핀의 뒤쪽을 감은 다음, 빼놓은 코를 다시 핀에 걸어주세요.

14 계속해서 아스펜(A) 실로 10단 겉뜨기하세요. 23번과 44번 핀의 2코는 1코로 간주합니다.

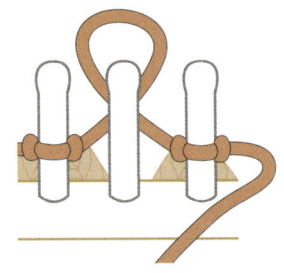

15 이제 귀를 만들어봅시다. 뜨개룸의 다른 쪽에서 스파이스(B) 실로 2코를 만들어주세요. 3단 겉뜨기하세요. 이제 1코를 늘려주세요. 1번째 코를 오른쪽 옆 핀으로 옮긴 다음, 두 코 사이의 실을 주워 꼬아서 비어 있는 핀에 걸어주세요. 이제 3코가 되었습니다.

16 3단 겉뜨기한 다음, 다음 단에서 **15**에서와 같이 1번 더 늘려주세요. 이제 4코가 되었습니다. 다시 3단 겉뜨기한 다음, 다음 단에서 1번 더 늘려주세요. 그러면 5코 너비의 귀가 완성되었습니다.

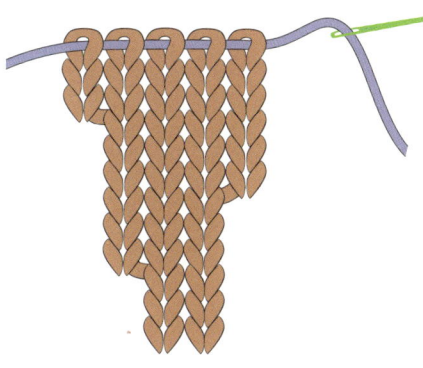

17 비어 있는 다른 핀으로 반대쪽 귀도 만들어주세요.

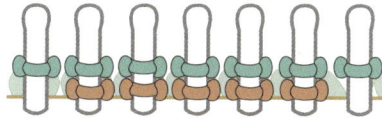

18 각각의 귀의 코를 여분의 실에 걸어 준 다음 뜨개틀에서 빼주세요.

19 27~31번 핀의 코를 핀에서 빼고, 1개의 귀의 코를 비어 있는 핀에 걸어주세요. 이때 앞면이 위쪽으로 오도록 방향에 유의하세요. 원래의 코를 제자리에 다시 걸어주세요. 남은 1개의 귀도 36~40번의 핀에 동일한 방법으로 연결하세요.

20 스파이스(B) 실 2가닥을 연결한 다음, 2가닥을 함께 쥐고 28단 겉뜨기 해주세요. 1번째 단에서 귀 부분의 2코는 1코로 간주합니다.

21 가슴 부분을 만들 차례입니다. 스파이스(B) 실로 처음 28코를 뜬 다음, 29번 핀에 파치먼트(C) 실 2가닥을 연결하고 겉뜨기 8코 합니다. 그다음 다시 스파이스(B) 실로 바꿔 나머지 부분을 떠주세요.

22 다음 14단 동안, 1단에 1코씩 점차적으로 가슴 부분의 사이즈를 늘려주세요. 23~44번의 코가 파치먼트(C) 색상이 될 때까지 반복하세요.

23 파치먼트(C) 실로 뒤꿈치 부분을 뜬 것처럼(**4~12**번 과정) 발가락 부분을 떠주세요. 23~44번까지의 코만 뜨기 때문에 발가락 부분 솔기는 발바닥 아래쪽에 생기게 됩니다.

24 파치먼트(C) 실로 2단 겉뜨기하세요. 그리고 코막음합니다.

25 발가락 솔기를 꿰매면 양말이 완성됩니다.

26 준비해둔 그레이색 실을 가지고 프렌치노트16페이지 참고 기법으로 눈을, 카우칭 기법으로 수염을 만들어주세요.

27 핑크색 펠트를 작은 코 모양으로 자른 다음, 핑크색 실로 얼굴에 꿰매세요.

28 모든 과정을 반복하여 양말 한 짝을 더 만드세요.

뜨개 인형

이 작고 귀여운 인형은 만드는 사람에 따라 모습이 다를 수 있어요. 머리카락 색깔이나 피부 색깔을 바꾸는 것도 가능합니다. 액세서리를 더할 수도 있고, 모험심이 강하다면 드레스 패턴을 바꿔볼 수도 있어요.

준비할 것

- 리코 크리에이티브 코튼Rico Creative Cotton DK, 100% 면, 병태사, 타래당 1¾ 온스(50g), 약 1260야드(115m) : 새먼 022(A), 캔디 핑크 005(B), 피스타치오 016(C), 스카이 블루 014(D), 오렌지 007(E) 각 1볼, 리본과 얼굴 표현을 위한 노란색, 청록색, 빨간색 실 약간
- 핀의 길이가 ¼인치(6mm)인 양말 뜨개룸, 사이즈 무관
  - 후크
  - 가위
  - 돗바늘
  - 인형 솜

사이즈
- 길이 약 34cm

만드는 법

1. 먼저 다리부터 만들어봅시다. 양말 뜨개룸을 16핀으로 조정한 다음, 피스타치오(C) 실을 가지고 e-감기 9페이지 참고 방식으로 16코를 만드세요.

2. 피스타치오(C) 실로 5단 겉뜨기한 다음, 스카이 블루(D) 실로 바꿔 5단 겉뜨기하세요. 이러한 순서를 4회 더 반복합니다.

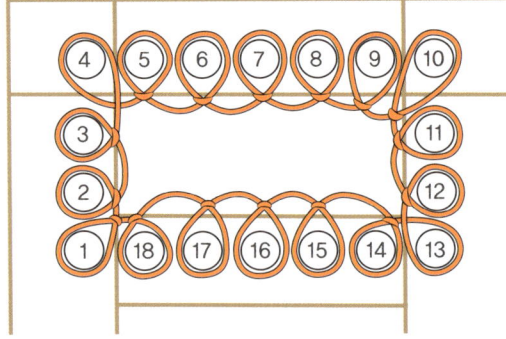

3. 오렌지(E) 실로 바꾸고, 뜨개룸을 18핀으로 늘린 다음, 4번과 13번 핀에 코를 만들어주세요. 겉뜨기 1단 해주세요.

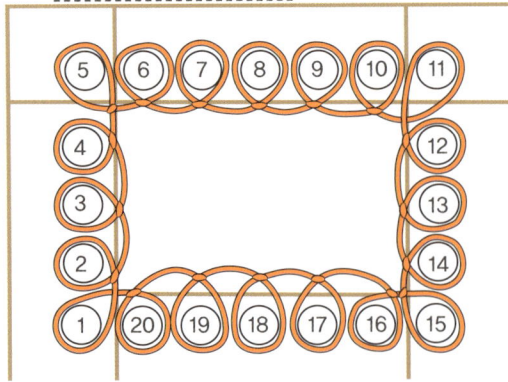

4. 뜨개룸을 20핀으로 늘린 다음, 1번과 11번 핀에 코를 만들어주세요. 겉뜨기 1단 하세요.

5. 14단 겉뜨기하세요.

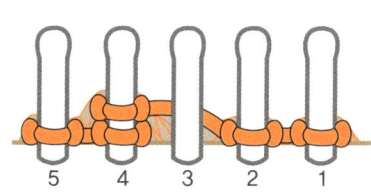

6 발 부분을 5코 줄여줍니다. 우선 2코 건너뛰고, 다음 코를 옆의 코에 옮겨 겉뜨기로 2코 모아뜨기합니다. 이를 전체 뜨개룸에 반복하면 15코가 남게 됩니다. 겉뜨기 1단 떠준 다음, 모아 코막음 10페이지 참고 하세요. 다른 쪽 다리도 만드세요.

---

7 이번에는 팔을 만들어봅시다. 새먼(A) 실을 가지고 e-감기 방식으로 16코를 만든 다음, 40단 겉뜨기하세요. 발 부분 늘려주기(**3**~**6**번 과정)했던 것처럼 손도 늘려주세요. 이번에는 새먼(A) 실만 사용합니다. 다른 쪽 팔도 만드세요.

---

8 몸통을 만들어봅시다. 뜨개룸을 28핀으로 조정한 다음, 새먼(A) 실을 가지고 e-감기 방식으로 28코를 만드세요. 30단 겉뜨기하세요.

---

9 팔을 넣을 수 있는 구멍을 만들기 위해 전체 뜨개룸을 뜨는 대신, 1~14번 코만 단마다 앞뒤로 방향을 바꿔가며 18단 겉뜨기하세요. 실을 잘라주세요.

---

10 다시 실을 15번 핀에 연결하고, 15~28번 핀 사이만 19단 겉뜨기하면 몸통의 등 부분이 만들어집니다. 28번 핀에서 끝나야 해요.

---

11 이제 머리를 만들 차례입니다. 9번과 23번 핀에서 겉뜨기로 2코 모아뜨기를 하여 26코로 줄여주세요. 구멍이 생기지 않도록 모든 코를 서로 옆으로 옮겨주세요. 모든 코를 겉뜨기 1단 하세요.

---

12 1번과 14번 핀에서 겉뜨기로 2코 모아뜨기하여 24코로 줄여주세요. 구멍이 생기지 않도록 모든 코를 서로 옆으로 옮겨주세요. 겉뜨기 1단 하세요.

13 4번, 8번, 12번, 16번, 20번, 24번 핀에서 겉뜨기로 2코 모아뜨기하여 18코로 줄여주세요. 구멍이 생기지 않도록 모든 코를 서로 옆으로 옮겨주세요. 그리고 겉뜨기 4단 하세요.

이제 코를 옮겨 20코로 늘려줍시다. 코를 옮겨 3번과 5번 핀 사이, 12번과 14번 핀 사이에 비어 있는 핀을 만들어준 다음, 밑단의 코를 주워 비어 있는 핀에 걸어주세요. 그러면 4번과 13번 핀에 새로운 코가 생겼습니다. 겉뜨기 1단 하세요.

이전과 동일한 방법으로 1번과 11번 핀에 새로운 코를 만들어 22코로 늘려주세요. 겉뜨기 1단하세요. 6번과 7번 핀에 새로운 코를 만들어 24코로 늘려주세요. 겉뜨기 20단 하세요.

14 다음 3단 동안 각 단마다 2코씩 줄여 다시 18코로 만들어야 하므로, 이전과 동일한 방법으로 반대쪽 코너에서 겉뜨기로 2코 모아뜨기하세요. 모아 코막음하세요.

15 팔에 솜을 채워 넣고 만들어둔 구멍에 집어넣은 다음, 적절한 곳을 꿰매어주세요.

16 몸통과 다리에 솜을 채워 넣고, 다리를 몸통의 밑쪽에 집어넣은 다음, 적절한 곳을 꿰매어주세요. 양쪽 신발에 노란색 실 리본을 달아주세요.

17 사진을 참고하여 인형의 얼굴을 표현해주세요. 프렌치 노트 기법으로 청록색 실로 눈을, 백 스티치 기법으로 빨간색 실로는 입을, 새먼(A) 실로는 코를 꿰매어주세요.

18 머리카락을 만들기 위해 오렌지(E) 실을 25cm 길이로 잘라주세요. 실 2가닥을 반으로 접어서 만들어진 고리를 바늘에 꿰어주세요. 머리 부분의 코 하나에 통과시켜 고리를 당겨준 다음, 바늘을 빼고 실 끝을 고리에 통과시켜 당겨서 매듭을 지어주세요. 머리 부분 전체에 반복하세요.

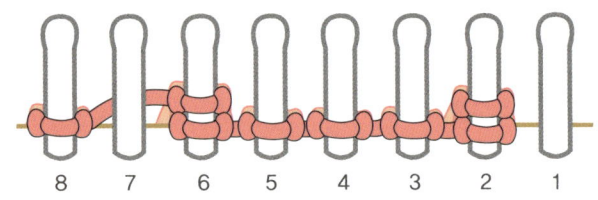

19 드레스를 만들 차례입니다. 캔디 핑크(B) 실을 가지고 케이블 코 만들기 8페이지 참고 방법으로 40코를 만드세요.
1단과 3단 : 겉뜨기 1코, 안뜨기 1코를 끝까지 반복하세요.
2단과 4단 : 안뜨기 1코, 겉뜨기 1코를 끝까지 반복하세요.
5단 : 2번 코를 핀에서 빼고, 1번 코를 2번 핀에 걸고, 다시 2번 코를 제자리에 걸어줍니다. 3~5번 코는 겉뜨기합니다. 7번 코를 6번 코에 걸고, 8번 코는 겉뜨기합니다. 겉뜨기할 때 1번과 7번 핀은 e-감기로 핀을 감아주고, 2번과 6번 핀의 2코는 1코로 간주하여 겉뜨기하세요. 전체 뜨개룸을 돌아가며 4회 더 반복하세요.

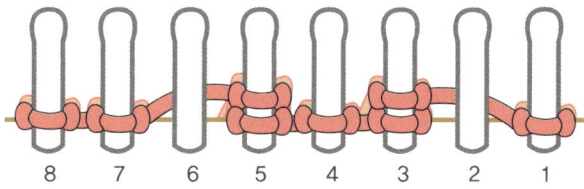

20 6단, 8단, 10단, 16단, 18단, 20단 : 겉뜨기하세요.

7단 : 1번 코 겉뜨기한 후, 3번 코를 핀에서 빼고, 2번 코를 3번 핀에 겁니다. 다시 3번 코를 제자리에 걸고, 4번 코는 겉뜨기하세요. 6번 코를 5번 코에 걸어주고, 7번과 8번 코는 겉뜨기하세요. 겉뜨기할 때 2번과 6번 핀은 e-감기로 핀을 감아주고, 3번과 5번 핀의 2코는 1코로 간주하여 겉뜨기하세요. 전체 뜨개룸을 돌아가며 4회 더 반복하세요.

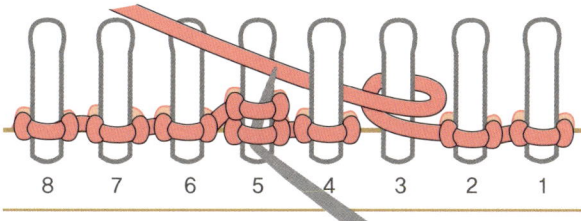

21 9단 : 1번과 2번 코는 겉뜨기하세요. 4번 코를 5번 핀으로 옮기고, 3번 코를 4번 핀으로 옮기고, 3번 핀은 e-감기, 4번 코는 건너뛰고, 5번 핀의 2코는 1코로 간주하여 겉뜨기하세요.

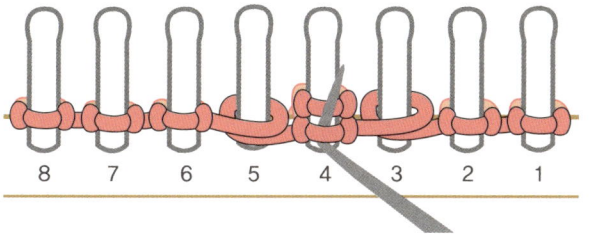

22 그다음 후크로 걸었던 5번 코를 4번 핀으로 옮기고, 후크로 아랫실을 걸어 윗실을 넘겨주세요. 5번 핀을 e-감기로 감고, 6~8번 코를 겉뜨기하세요. 전체 뜨개룸을 돌아가며 **20~21**을 4회 더 반복하세요.

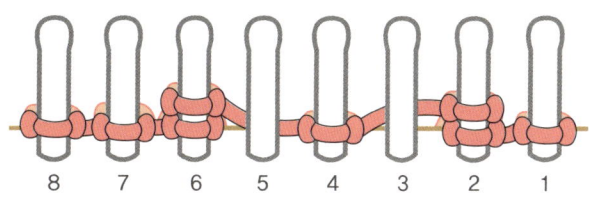

23 11단과 13단 : 겉뜨기 1코, 안뜨기 1코를 끝까지 떠주세요.

12단과 14단 : 겉뜨기 1코, 안뜨기 1코를 끝까지 뜨세요.

15단 : 1번 코는 겉뜨기, 2번 코는 핀에서 뺍니다. 3번 코를 2번 핀에 걸고, 2번 코를 다시 제자리에 걸고, 4번 코는 겉뜨기하세요. 5번 코를 6번 핀에 걸고, 7번과 8번 코를 겉뜨기하세요. 겉뜨기할 때 3번과 5번 핀을 e-감기로 감아주고, 2번과 6번 핀의 2코는 1코로 간주합니다. 전체 뜨개룸을 돌아가며 4회 더 반복하세요.

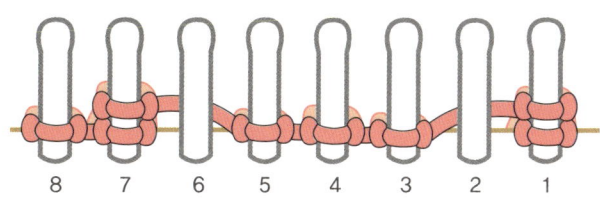

24 17단 : 1번 코를 핀에서 빼고, 2번 코를 1번 핀에 거세요. 1번 코를 다시 제자리에 걸고, 3~5번 코를 겉뜨기합니다. 7번 코를 핀에서 빼고, 6번 코를 7번 핀에 거세요. 7번 코를 다시 제자리에 걸고, 8번 코를 겉뜨기하세요. 겉뜨기할 때 2번과 6번 핀을 e-감기로 감아주고, 1번과 7번 핀의 2코는 1코로 간주합니다. 전체 뜨개룸을 돌아가며 4회 더 반복하세요.

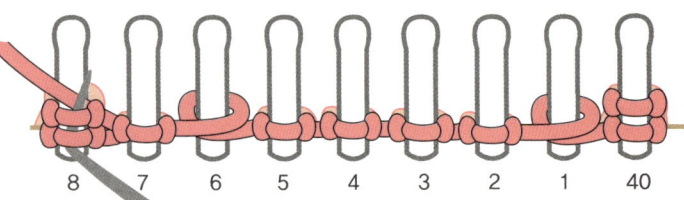

25 19단 : 1번 코를 바로 뒤쪽 40번 코로 옮기고, 1번 핀은 e-감기합니다. 2~5번 코는 겉뜨기하세요. 7번 코는 8번 핀으로 옮기고, 6번 코는 7번 핀으로 옮기고, 비어 있는 6번 핀을 e-감기해주세요. 8번 핀의 2코를 1코로 간주하여 겉뜨기하세요. 전체 뜨개룸을 돌아가며 4회 더 반복하세요.
----

26 1~6번 코를 겉뜨기하세요. 8번 핀의 코를 7번 핀으로 옮기고, 7번 핀의 아랫실을 걸어 윗실을 넘겨주고, 비어 있는 8번 핀을 e-감기하세요. 전체 뜨개룸을 돌아가며 4번 더 반복하세요.
1~20단을 다시 반복하세요.
1~4단을 다시 한 번 반복하세요. 스커트의 패턴이 완성되었습니다.

27 뜨개룸의 콧수를 줄여봅시다. 전체 뜨개룸을 돌아가며 겉뜨기로 2코 모아뜨기를 한 다음, 다음 2코 겉뜨기를 반복하세요. 그럼 30코가 남았습니다. 암홀을 만들기 위해 단마다 앞뒤로 방향을 바꿔가며 1~15번 코까지 20단 겉뜨기한 다음, 16~30번 코를 반복하세요. 1번 코를 겉뜨기한 다음, 다시 콧수를 줄여봅시다. 전체 뜨개룸을 돌아가며 겉뜨기로 2코 모아뜨기한 다음, 다음 2코 겉뜨기를 반복하세요. 마지막 남은 1코는 겉뜨기해주세요. 이제 23코가 남았습니다.
----

28 스카이 블루(D) 실로 바꿔주세요. 겉뜨기 1코 한 다음, 뜨개룸의 콧수를 줄여주세요. 마지막 2코를 남겨두고 겉뜨기로 2코 모아뜨기, 다음 2코 겉뜨기를 전체 뜨개룸을 돌아가며 반복하세요. 남은 2코는 겉뜨기로 2코 모아뜨기하세요. 이제 17코가 남았습니다. 이제 넥 라인을 만들 차례입니다. 4단 겉뜨기하고 코막음해주세요. 인형에게 드레스를 입히면 완성입니다.

메리제인 덧신

올이 굵은 메리제인 스타일의 덧신으로 발을 편안하고 따뜻하게 감싸주세요. 스웨이드 발바닥 창은 오래 신어도 튼튼하고, 미끄럽지도 않을 거예요!

준비할 것

- 캐스케이드Cascade Yarns Pacific Chunky, 60% 아크릴 · 40% 울, 극태사, 타래당 3½온스(100g), 약 120야드(110m) : 더스티 터쿠아즈 23(A), 루비 43(B) 각 1볼
- ⅜인치(9mm) 길이의 핀이 44개인 지름 4¾인치(12cm)의 원형 뜨개틀
- 후크
- 가위
- 지름 15mm짜리 싸개단추 2개
- 지름 25mm의 패턴이 있는 동그란 모양 원단 2장
- 바느질 바늘과 흰색 실
- 스웨이드 발바닥 창 2개
- 인조 양털 깔창 2개
- 순간접착제 · 글루건
- 돗바늘

사이즈

- 신발 사이즈 US 5.5-6.5(UK 4-5)

만드는 법

1. 덧신 사이즈를 더 작거나 더 크게 만들기 위해서는 치수를 2.5cm 정도 줄이거나 늘려주세요. 덧신은 잘 늘어나므로 정확한 치수는 필요하지 않아요. 차후에 발가락 부분에 사용하기 위해 더스티 터쿠아즈(A) 실을 소량만 따로 감아주세요.

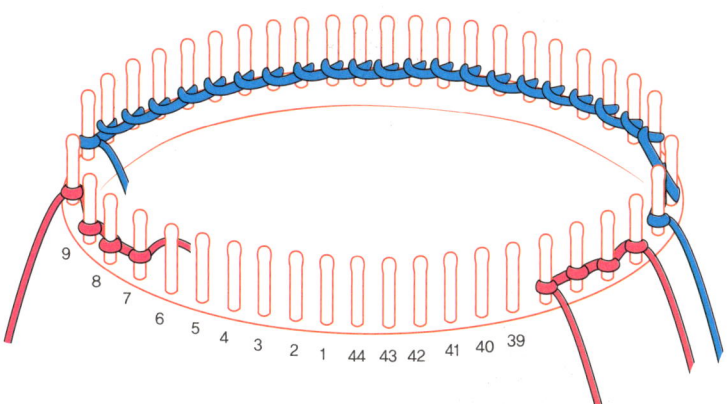

2. 처음 6코는 비워두고, 루비(B) 실로 4코, 더스티 터쿠아즈(A) 실로 24코, 다시 루비(B) 실로 4코, e-감기9페이지 참고 방식으로 코를 만들어주세요. 그러면 마지막 6코가 비어 있어요.

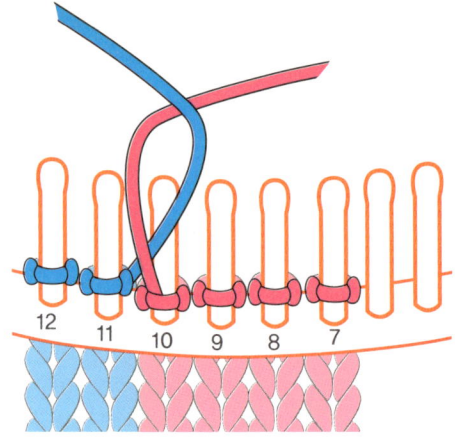

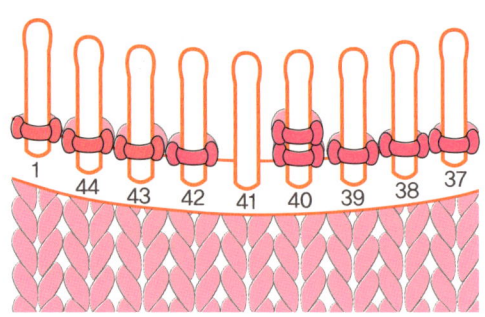

3 편물의 길이가 12cm가 될 때까지 e-감기 겉뜨기 12페이지 참고로 반 시계 방향으로 1단, 시계 방향으로 1단 떠주세요. 실 색상을 바꿀 때마다 편물에 구멍이 생기지 않도록 실을 함께 꼬아주는 것을 꼭 기억하세요.

4 루비(B) 실을 가지고 e-감기 방식으로 비어 있는 12핀에 코를 만들어주세요. 2번째 덧신을 만들 때는 코를 반대 방향에서 만들어야 완성되었을 때 스트랩이 서로 반대쪽에 있답니다.

5 실을 꼬아서 연결한 다음, e-감기 겉뜨기 12페이지 참고로 덧신의 반대쪽까지 뜨고 다시 되돌아오면서 떠주세요.

6 다음 단 가장자리에서 3번째 핀의 코를 가장자리에서 4번째 핀에 걸어주세요. 그리고 2코를 1코로 간주해 겉뜨기하세요. 그다음 비어 있는 코를 e-감기로 감아주세요. 이게 단춧구멍이 될 거예요.

7 1단 겉뜨기하세요. 다음 단에서 스트랩 부분의 12코를 코막음하고, 남은 코들은 아까와 동일한 방법으로 겉뜨기하세요. 4단 겉뜨기하세요.

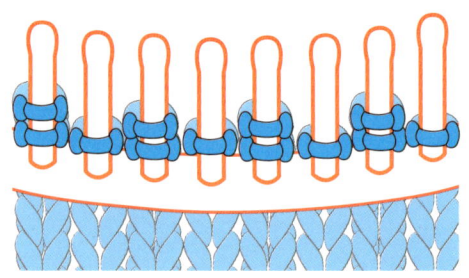

8 덧신의 더스티 터쿠아즈(A) 부분을 줄여줍시다. 모든 3번째 코를 바로 옆 코에 걸어주고, 구멍이 생기지 않도록 모든 코들을 서로 옆으로 옮겨주세요. 이제 더스티 터쿠아즈(A) 실의 코는 16코가 남았습니다. 각 핀의 2코를 1코로 간주하며 겉뜨기하세요.

9 덧신의 발가락 부분을 뜰 차례입니다. 루비(A) 실을 가지고 e-감기 방식으로 10코(모든 핀에 1코씩)를 만들어주세요.

10 계속해서 코의 패턴이 일정하도록 앞뒤로 방향을 바꿔가며(한 방향으로 돌지 않고) 4단을 겉뜨기하세요. 구멍이 생기지 않도록 색을 바꿀 때 각 단마다 실을 함께 꼬아주세요.

11 루비(B) 실을 묶은 다음, 더스티 터쿠아즈(A)의 2번째 타래를 연결하세요. 그러면 더스티 터쿠아즈 색상의 실 1볼은 발 앞쪽에, 또 1볼은 뒤쪽에 있게 됩니다. 계속해서 6.5cm가 될 때까지 앞뒤로 방향을 바꿔가며 겉뜨기하세요. 각 단마다 실들을 꼬아주는 것을 잊지 마세요.

12 한 코 걸러 모든 코들을 옆 핀에 걸어 코를 줄여주세요. 이제 17코가 남았습니다. 2단 겉뜨기하고, 모아 코막음 10페이지 참고 해주세요. 앞면을 맞대어 두고 덧신 뒤쪽의 솔기를 꿰매세요. 덧신을 신었을 때 편안하도록 가능한 한 솔기를 납작하게 만들어주세요.

13 준비해둔 원형 원단의 가장자리를 러닝 스티치 16페이지 참고 로 꿰맨 다음, 단추를 중앙에 두고 실 끝을 당겨 원단이 단추를 감싸게 만들어주세요. 단추가 원단에서 빠지지 않도록 뒤쪽을 밀어주세요. 단추를 양쪽 덧신에 꿰매세요.

14 스웨이드 발바닥 창을 덧신의 바닥에 붙이고, 양털 깔창을 덧신 안에 넣어주세요. 마를 때까지 기다린 후 모든 실 끝을 꿰매어주세요.

15 위 과정을 반복하여 2번째 덧신도 만들어주세요. 4에서 스트랩을 반대 방향에서 떠야 한다는 것을 잊지 마세요.

스트라이프 레그 워머

아이들용 줄무늬 레그 워머의 밝은 색상들이 정말 사랑스러워요! 유모차 안에서 아이들의 다리를 따뜻하게 감싸주기에 제격이고, 집에서는 실내화로 사용할 수도 있어요.

준비할 것

- 존 루이스John Lewis Acrylic DK, 100% 아크릴, 병태사, 타래당 1¾온스 (50g), 약 3290야드(301m)
  : 다크 스프루스(A), 퍼플(B) 각각 1볼
- 스타일크래프트Stylecraft Special DK, 100% 아크릴, 병태사, 타래당 3½온스 (100g), 약 3220야드(295m)
  : 크림 1005(C), 라임 1712(D), 스파이스 1711(E), 피에스타 1257(F) 각각 1볼
- ⅜인치(9mm) 길이의 핀이 44개인 지름 4¾인치(12cm)의 원형 뜨개룸
- US 사이즈 E/4(3.5mm) 코바늘
  - 후크
  - 가위
  - 돗바늘

사이즈
- 길이 약 25cm

만드는 법

1. 다크 스프루스(A) 실을 가지고 케이블 코 만들기(8페이지 참고) 방법으로 44코를 만드세요.

2. 겉뜨기 1코, 안뜨기 1코 고무뜨기로 12단을 뜬 다음, 1단 겉뜨기해주세요.

3. 실을 크림(C)색으로 바꿔 겉뜨기 4단 떠주세요. 실을 라임(D)색으로 바꿔 겉뜨기 12단 떠주세요.

4. 라임(D)색 대신 스파이스(E), 이어서 피에스타(F)색으로 3을 반복하세요. 크림(C) 색으로 줄무늬를 하나 더 만들어준 다음, 퍼플(B)색 실로 바꿔 1단 겉뜨기해주세요.

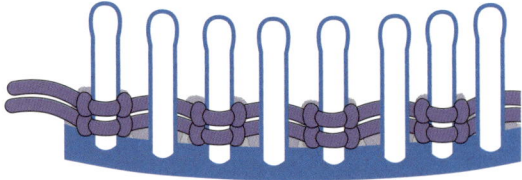

5. 하나 건너 코마다 옆 핀에 걸어 22코로 줄여주세요.

6. 겉뜨기 1코, 안뜨기 1코 고무뜨기로 5단 떠주세요.

7 뜨개룸의 22코 중 처음 11코를 코막음한 후, 계속해서 남은 코들을 겉뜨기 1코, 안뜨기 1코 고무뜨기 해주세요.

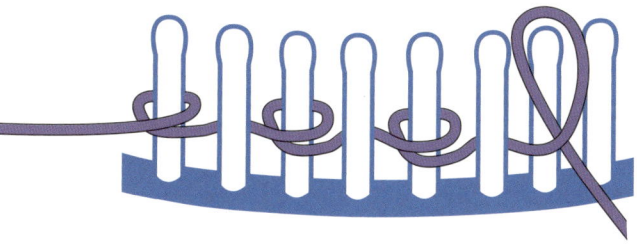

8 다음 단에서, 앞서 코막음 한 11코를 대신하여 처음 11개 핀을 e-감기로 감아주세요.
-----

9 겉뜨기 1코, 안뜨기 1코 고무뜨기로 10단 떠주세요. 코막음한 다음 모든 실 끝을 꿰매세요. 모든 과정을 반복하여 2번째 레그 워머를 만드세요.

보석 헤드밴드

매력적인 보석 장식이 돋보이는 이 머리띠는 아이들에게 정말 인기가 많아요! 두꺼운 실로 만들기 때문에 단시간에 완성할 수 있답니다.

준비할 것

- 버냇 소프티 청키Bernat Softee Chunky, 100% 아크릴, 초극태사, 타래당 3½온스(100g), 약 1080야드(99m) : 그래스 1볼
- ⅜인치(9mm) 길이의 핀이 72개인 지름 8½인치(22cm)의 원형 뜨개룸
- US 사이즈 E/4(3.5mm) 코바늘
- 후크
- 가위
- 돗바늘
- 꿰맬 수 있는 아크릴 보석 다수
- 바느질 바늘과 라임빛 녹색 실

사이즈
- 너비 약 22cm

만드는 법

1. 케이블 코 만들기 8페이지 참고 방법으로 72코를 만드세요.
   ----

2. 3단 겉뜨기한 다음, 7단 안뜨기하세요. 이러한 순서를 1번 더 반복한 후 3단 겉뜨기해주세요.
   -----

3. 코막음하세요.
   ----

4. e-감기 9페이지 참고 방식으로 3코를 만들어주세요.
   -----

5. 가터스티치(겉뜨기 1단, 안뜨기 1단)로 25단을 떠주세요.
   ----

6. 실 꼬리를 길게 남겨두고 코막음하세요.

7 이렇게 만든 짧은 끈으로 헤드 밴드의 한 쪽을 감은 다음, 실 끝으로 양 끝을 함께 꿰매어주세요.

8 헤드밴드를 감은 부분에 바느질 바늘과 실로 아크릴 보석을 꿰매어 장식하세요. 이렇게 헤드밴드가 완성되었습니다!

판다 필통

학교나 직장에서 축축 처질 때 기분 전환이 될 만한 복슬복슬 재미있는 판다 필통을 만들어볼까요? 안 뜨기로 만들어 폭신폭신한 질감이 더욱 강조된답니다.

준비할 것

- 킹 콜 King Cole Cuddles Chunky, 100% 폴리에스테르, 극태사, 타래당 1¾온스(50g), 약 1370야드(125m)
  : 블랙 302, 화이트 350 각 1볼
- ⅜인치(9mm) 길이의 핀이 52개인 8½인치(22cm) 길이의 긴 뜨개룸
- 후크
- 가위
- 돗바늘
- 18 x 13mm 크기의 인형 눈 1쌍
- 25cm 길이의 깅엄 체크 리본
- 바느질 바늘과 실
- 24cm 길이의 흰색 지퍼

사이즈
- 너비 약 21cm

만드는 법

1 먼저 귀부터 만들어볼게요. 블랙 실을 가지고 e-감기 9페이지 참고 방식으로 3코를 만들어주세요. 2단 겉뜨기하세요.

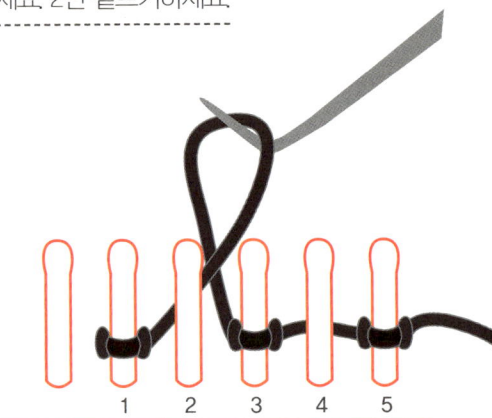

2 다음 단에서 두 번 늘려봅시다. 우선 1번째 핀의 코를 왼쪽 옆 핀으로 옮기고, 밑단의 코를 주워 실을 꼬아준 다음 비어 있는 핀에 걸어주세요. 그다음 제일 마지막 핀의 코를 오른쪽 옆 핀으로 옮기고, 밑단의 코를 주워 실을 꼬아준 다음 비어 있는 핀에 걸어주세요. 2단 겉뜨기하세요.

3 2를 반복하세요. 이제 7코가 되었습니다. 3단 겉뜨기하세요.

 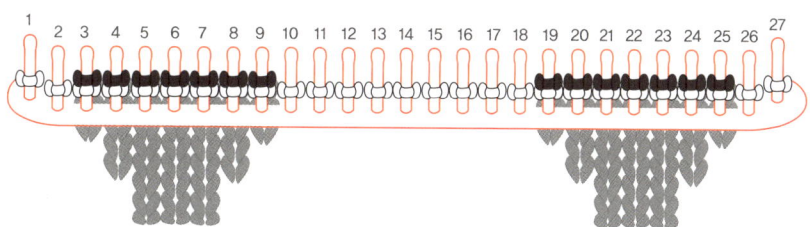

4 코를 모두 여분의 실에 걸어 뜨개룸에서 빼주세요. 동일한 방법으로 다른 쪽 귀도 만든 후, 귀 2개를 한쪽에 보관해주세요.

5 화이트 실을 가지고 e-감기 방식으로 52코를 만들어주세요. 안뜨기로 3단, 또는 대략 1cm가 될 때까지 떠주세요. 떠 놓은 귀 부분을 3~9번 핀, 19~25번 핀에 걸어주면, 귀 부분이 바깥쪽을 향하게 됩니다. 양쪽 귀가 제자리에 고정되도록 아래의 화이트 실을 걸어 블랙 실을 넘겨주세요.

6 화이트 실로 3cm, 또는 대략 9단 정도 안뜨기하세요. 블랙 실로 대략 2m 길이의 작은 타래를 2개 준비해주세요. 그 타래들로 매듭을 만들어 하나는 9번 코에, 다른 하나는 17번 코에 걸어주세요.
----

7 블랙 실로 9번과 10번 코, 17번과 18번 코를 안뜨기하고, 남은 코들은 모두 화이트 실로 안뜨기하세요. 색상을 바꿀 때 편물에 구멍이 생기지 않도록 실을 서로 꼬아주는 것을 꼭 기억하세요.
----

8 7을 2단 더 반복하세요.
----

9 다음 3단은 블랙 실로 8~11번 코, 16~19번 코들을 안뜨기하고, 남은 코들은 모두 화이트 실로 안뜨기하세요.

그다음 3단은 블랙 실로 7~11번 코, 16~20번 코들을 안뜨기하고, 남은 코들은 모두 화이트 실로 안뜨기하세요.

그다음 5단은 블랙 실로 6~10번 코, 19~21번 코들을 안뜨기하고, 남은 코들은 모두 화이트 실로 안뜨기하세요.

그다음 3단은 블랙 실로 7~10번 코, 18~21번 코들을 안뜨기하고, 남은 코들은 모두 화이트 실로 안뜨기하세요.

그다음 3단은 블랙 실로 7~9번 코, 19~21번 코들을 안뜨기하고, 남은 코들은 모두 화이트 실로 안뜨기하세요.

나중에 꿰맬 수 있도록 편물의 뒤쪽에 10cm 길이의 실 꼬리를 남기고 블랙 실을 잘라주세요.
----

10 화이트 실로 2단 안뜨기하세요.
----

11 블랙 실 타래로 매듭을 만들어 12번 코에 연결한 다음, 3단 동안 12~14번 코들은 블랙 실로 안뜨기하고, 남은 코들은 화이트로 안뜨기해주세요.

화이트 실로 3cm, 또는 대략 9단 정도 안뜨기해주세요.
----

12 1~26번의 코들을 여분의 실에 걸고 핀에서 뺀 다음, 맞은편 핀에 걸어주세요(1번 코는 52번 핀, 2번 코는 51번 핀, 이런 식으로).
----

13 코막음한 다음, 모든 실 끝을 꿰매어주세요.
----

14 준비해둔 인형 눈을 검은색 눈 부분에 떨어지지 않게 잘 부착해주세요.

15 블랙 실을 가지고 백 스티치16페이지 참고 기법으로 코에서 내려오는 입 모양을 꿰매어주세요.
----

16 준비해둔 리본으로 나비 매듭을 만들어 귀 부분에 흰색 실로 몇 땀 꿰매어주세요.
----

17 마지막으로, 필통의 안쪽이 밖으로 나오도록 뒤집은 다음 편물의 입구에 지퍼를 꿰매어주세요.

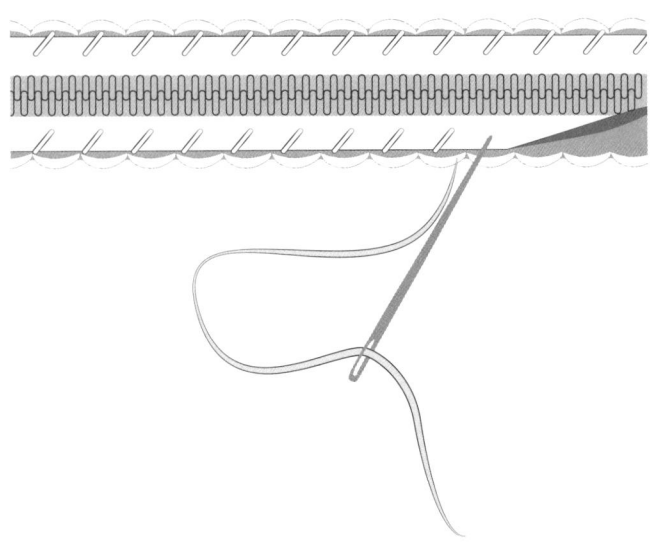

정글 손가락 인형

아이들이 좋아할 만한 재미있는 정글 캐릭터들을 소개합니다! 이 손가락 인형들은 소량의 실로 만들기 때문에, 실 바구니의 남은 실들을 모두 써버릴 수 있는 좋은 기회가 됩니다.

준비할 것

- 100% 면 병태사, 또는 유사한 실: 머스터드 옐로, 다크 오렌지, 라이트 그레이, 브라운, 베이지 색상 실 각각 ⅞온스(25g)씩
- 핀의 길이가 ¼인치(6mm)인 7¼ x 2인치 (18 x 5cm) 사이즈의 양말 뜨개룸
- US 사이즈 E/4(3.5mm) 코바늘
- 후크
- 가위
- 돗바늘
- 검은색 작은 비즈
- 소량의 어두운 크림 색상 펠트
- 바늘과 크림색 실
- 다크 핑크색 자수실
- 소량의 코랄색 펠트
- 소량의 브라운색 펠트
- 솜

사이즈
- 길이 약 12cm

만드는 법

사자

1 머스터드 옐로색 실을 가지고 케이블 코 만들기 8페이지 참고 방법으로 16코를 만들어주세요. 35단 겉뜨기하세요.

2 암홀을 만들기 위해 1~3번 코, 9~11번 코를 여분의 실에 건 다음 뜨개룸에서 빼주세요. 비어 있는 핀은 e-감기로 감아주세요.

3 2단 겉뜨기하세요.

4 다음 단의 4번 핀에서 한 번, 13번 핀에서 또 한 번, 이렇게 2코 늘려주세요. 이제 18코가 되었습니다. 1단 겉뜨기하세요.

5 다음 단의 1번 핀에서 한 번, 9번 핀에서 한 번, 이렇게 2코 늘려주세요. 이제 20코가 되었습니다. 1단 겉뜨기하세요.

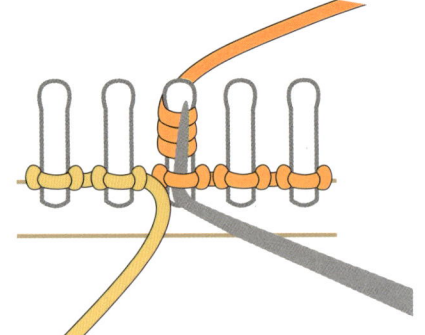

8 루프 스티치로 다크 오렌지색 부분을 만들어봅시다. 다크 오렌지색 실로 3번 핀을 3번 감은 다음, 후크로 맨 아랫실을 걸어 위의 감은 실 3개를 넘겨주세요.

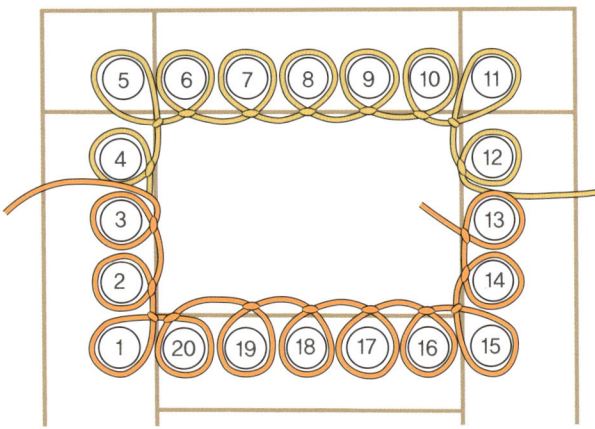

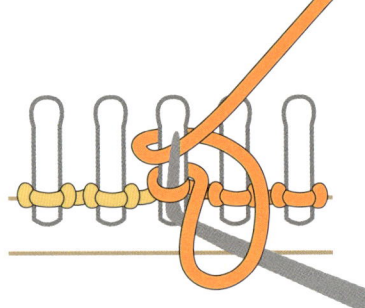

9 감은 실 3개 중 위의 2개를 핀에서 뺀 다음 핀의 한 쪽으로 당겨주세요. 핀에 남은 세 번째 감은 실을 '코'로 간주합니다. 그런 다음 이 '코'가 풀어지지 않도록 실로 핀을 감아 아랫실을 걸어 윗실을 넘겨주는 것을 2회 반복하세요.

6 다음 단에서 1~12번 코를 머스터드 옐로색 실로 겉뜨기한 후, 다크 오렌지색 실을 13번에 연결하고, 남은 코들과 다음 단의 첫 3코도 다크 오렌지색 실로 겉뜨기하세요.

10 13번 코까지 다크 오렌지색 실로 루프스티치를 만들어주세요. 그런 다음 다시 머스터드 옐로 실로 12번 코까지 겉뜨기하세요. 두 실을 서로 꼬아주고 다크 오렌지색 부분을 이번에는 루프 스티치가 아니라 겉뜨기로 떠주세요.

7 머스터드 옐로색 실로 12~3번 코까지 역순으로 겉뜨기해주세요. 머스터드 옐로색 실과 다크 오렌지색 실을 함께 꼬아주세요.

11 8~10을 6회 더 반복하세요.

12 다크 오렌지 실만 가지고 머리 전체를 둘러 루프스티치를 떠주세요. 1단 겉뜨기하세요.

13 전체 뜨개룸을 돌아가며 겉뜨기로 2코 모아뜨기, 겉뜨기 2코를 해주면 뜨개룸에 15코가 남습니다. 다음 단은 루프스티치로 떠주세요. 겉뜨기 1단 해주세요.
모아 코막음해주세요.

14 소량의 솜을 머리 부분에 채워 넣으세요. 머스터드색 실과 돗바늘로 목둘레를 작은 땀의 러닝 스티치로 꿰매고 단단히 당긴 다음, 매듭을 짓고 양쪽 실 끝이 보이지 않도록 머리 안쪽으로 꿰매어주세요.

15 팔을 만들기 위해 앞서 여분의 실에 걸어두었던 3코와 e-감기했던 3코를 뜨개룸에 걸어주세요. 머스터드색 실로 이 6코를 12단 겉뜨기한 다음, 모아 코막음해주세요. 남은 한쪽 팔도 동일한 방법으로 만들어주세요.

16 준비해둔 2개의 비즈로 눈을 꿰매어주세요. 124페이지의 도안에 따라 크림색 펠트를 코와 입 모양으로 자른 다음, 얼굴 부분에 꿰매어주세요. 사진과 같이 다크 핑크 자수실로 펠트 부분에 입과 코를 백 스티치로 꿰매면 사자 완성입니다.

코끼리

1 라이트 그레이색 실로 사자 만들기의 **1~5**를 반복한 다음, 2단 더 겉뜨기해주세요. 다음 단의 7~9번의 코를 여분의 실에 걸어두고, 비어 있는 판들을 e-감기로 감아주세요. 이 부분이 나중에 코끼리의 코가 될 거예요.

2 10단 겉뜨기하세요. 전체 뜨개룸을 돌아가며 겉뜨기로 2코 모아뜨기, 겉뜨기 2코를 반복하면 15코가 남습니다. 1단 겉뜨기하고, 모아 코막음해주세요.

3 소량의 솜을 머리 부분에 채워 넣으세요. 그레이색 실과 돗바늘로 목둘레를 작은 땀의 러닝 스티치로 꿰매고 단단히 당긴 다음, 매듭을 짓고 양쪽 실 끝이 보이지 않도록 머리 안쪽으로 꿰매어주세요.

4 라이트 그레이색 실로 사자 만들기 **15**의 팔 만들기에 따라 코끼리의 팔 2개와 코끼리 코를 떠주세요.

5 라이트 그레이색 실로 귀를 만들어봅시다. 먼저 14코를 만든 다음 12단 겉뜨기하세요. 모아 코막음합니다. 이 과정을 반복하여 다른 한쪽 귀도 만들어주세요. 양쪽 귀를 머리의 옆 부분에 꿰매어주세요.

6 2개의 비즈로 눈을 꿰매어주세요. 124페이지의 도안에 따라 코랄색 펠트를 코 모양으로 자른 다음 코끼리 코의 끝 부분에 꿰매세요.

원숭이

1 브라운색 실로 사자 만들기의 **1~5**를 반복하세요. 하지만 이번에는 36단에서 암홀을 만드는 것(**2**번 과정)처럼, 5단에서 **2**를 따라 다리를 만들기 위한 구멍을 만들 거예요. 마찬가지로 5단에서 13~15번의 코를 여분의 실에 걸어 뜨개룸에서 빼내어 꼬리를 만들 수 있는 구멍을 만들어주세요.

2 **4~5**를 1회 더 반복하여 머리를 만들어주세요. 머리 부분에 24코가 만들어졌어요. 4단 겉뜨기해주세요.

3 겉뜨기로 2코 모아뜨기, 겉뜨기 10코, 겉뜨기로 2코 모아뜨기, 겉뜨기 10코 해주면 22코가 남습니다. 1단 겉뜨기하세요.

4 겉뜨기 9코, 겉뜨기로 2코 모아뜨기, 겉뜨기 9코, 겉뜨기로 2코 모아뜨기 해주면 20코가 남습니다. 1단 겉뜨기하세요.

5 겉뜨기로 2코 모아뜨기, 겉뜨기 8코, 겉뜨기로 2코 모아뜨기, 겉뜨기 8코 해주면 18코가 남습니다. 1단 겉뜨기하세요.

6 겉뜨기 7코, 겉뜨기로 2코 모아뜨기, 겉뜨기 7코, 겉뜨기로 2코 모아뜨기 해주면 16코가 남습니다. 1단 겉뜨기하세요.

7 모아 코막음해주세요.

8 소량의 솜을 머리 부분에 채워 넣으세요. 브라운색 실과 돗바늘로 목둘레를 작은 땀의 러닝 스티치로 꿰매고 단단히 당긴 다음, 매듭을 짓고 양쪽 실 끝이 보이지 않도록 머리 안쪽으로 꿰매어주세요.

9 사자 만들기의 **15**에 따라 팔과 다리를 만들어주세요. 먼저 브라운색 실로 처음 9단을 뜬 다음, 베이지색 실로 마지막 3단을 만들어주세요. 모아 코막음하세요. 꼬리도 동일한 방법으로 만들지만, 이번에는 브라운색 실만 사용하여 18단 겉뜨기해주세요.

10 2개의 비즈로 눈을 꿰매어주세요. 124페이지의 도안에 따라 브라운색 펠트를 귀 모양으로, 크림색 펠트를 얼굴 모양으로 잘라주세요. 귀는 머리의 양쪽에, 얼굴은 머리의 앞쪽에 꿰매어주세요. 다크 핑크 자수실로 입을 백 스티치로 꿰매어주면 완성입니다.

베이비 놀이 블록

특별한 질감이 느껴지는 이 블록으로 뜨개 솜씨를 자랑해보세요. 정말 특별한 아기 선물이 될 거예요. 블록을 세트로 만들고 컬러 펠트를 이용하여 숫자와 글자, 다른 장식을 더하는 등의 응용도 시도해보세요.

준비할 것

- 리코 크리에이티브Rico Creative Cotton DK, 100% 면, 병태사, 타래당 1¾ 온스(50g), 약 1260야드(115m)
  : 라이트 옐로 003, 오렌지 007, 레드 008, 카디널 010, 스카이 블루 014, 피스타치오 016 각각 1볼
- ¼인치(6mm) 길이의 핀이 60개인 7¼ x 2인치(18 x 5cm) 사이즈의 양말 뜨개룸
- 후크, 가위, 돗바늘
- 10cm 정사각형을 자른 5cm짜리 스펀지

사이즈

- 각 변의 길이 약 4cm

만드는 법

1. 레드 실을 가지고 e-감기 9페이지 참고 방식으로 20코를 만드세요.

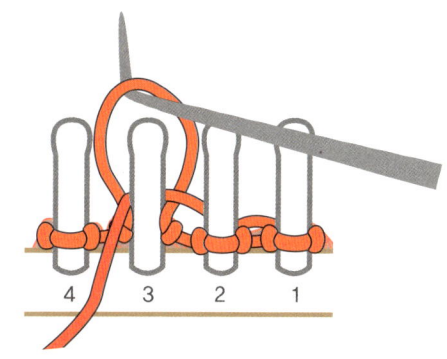

2. 1번째 부분은 뱀부 스티치 bamboo stitch로 만들어봅시다.

1단 : 1번째 코는 건너뜁니다(깔끔한 가장자리를 위해 모든 단의 첫 코는 건너뛸 거예요). 겉뜨기 2코, 안뜨기 1코를 마지막 핀까지 반복합니다.

2단 : 1번째 코는 건너뜁니다. 안뜨기 1코, 겉뜨기 2코를 마지막 핀까지 반복합니다. 그리고 맨 마지막 코를 겉뜨기해주세요.

3단 : 1번째 코는 건너뜁니다. 다음 2코는 실을 코의 앞에다 두고 1코씩 차례로 핀에서 코를 뺀 다음, 실을 다시 핀의 뒤에 두고, 코를 다시 제자리에 걸어주세요. 겉뜨기 1코 하세요. 이러한 순서를 마지막 핀까지 반복하고, 맨 마지막 코를 겉뜨기해주세요.

3 **4단** : 1번째 코는 건너뜁니다. 안뜨기 1코, 겉뜨기 2코를 마지막 핀까지 반복하고, 맨 마지막 코를 겉뜨기해 주세요.

4 1~4단(**2**~**3**번 과정)을 반복하여 총 52단을 더 뜨세요.

5 앞으로도 계속해서 각 단의 1번째 코는 건너뛰어 주세요. 다음 단에서, 실을 스카이 블루색 실로 바꾼 다음, 겉뜨기 2코, 안뜨기 2코로 단의 끝까지 떠주세요.

6 라이트 옐로색 실을 21번 핀에 걸고, e-감기 방식으로 20코를 만들어주세요.

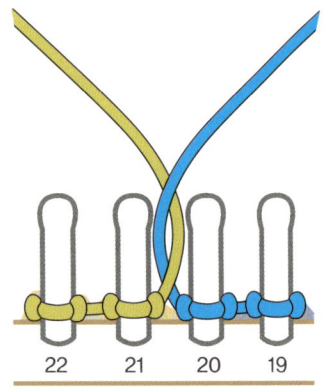

7 다음 42단 동안, 스카이 블루 부분은 겉뜨기 2코, 안뜨기 2코 고무뜨기(1단 : 안뜨기 2코, 겉뜨기 2코 / 2단 : 겉뜨기 2코, 안뜨기 2코)로, 라이트 옐로 부분은 겉뜨기 3단, 안뜨기 2단을 반복하세요. 스카이 블루 부분은 고무뜨기 3단, 라이트 옐로 부분은 겉뜨기 3단으로 마무리하세

요. 두 실이 만날 때는 구멍이 생기지 않도록 실을 서로 꼬아주세요.

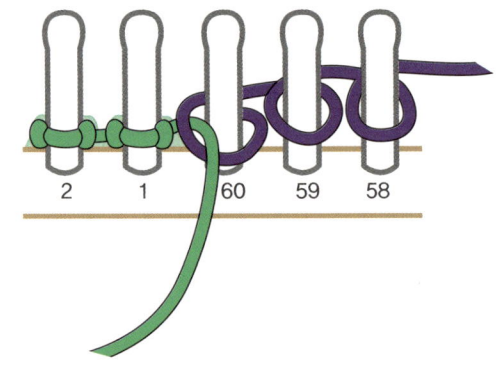

9 라이트 옐로색 실의 20코를 코막음 해주세요.

10 스카이 블루색 실을 묶어서 마무리하고, 이 부분을 피스타치오색 실로 바꿔주세요. 겉뜨기로 1단 떠주세요. 카디널색 실을 피스타치오색 실 바로 오른쪽 핀에 연결한 다음, e-감기 방식으로 20코를 만드세요.

11 다음 45단 동안, 피스타치오 부분은 모든 단을 겉뜨기로, 카디널색 부분은 가터스티치(겉뜨기 1단, 안뜨기 1단)로 반복하세요. 실이 서로 만날 때마다 꼬아주는 것을 잊지 마세요.

12 카디널색 부분을 코막음해주세요. 피스타치오색 실을 오렌지색 실로 바꾸고, 다음과 같은 방법으로 더블 모스스티치로 떠주세요.

1단과 2단 : 겉뜨기 1코, 안뜨기 1코를 단의 끝까지 반복하세요.

3단과 4단 : 안뜨기 1코, 겉뜨기 1코를 단의 끝까지 반복하세요.

13 44단을 더 떠준 다음, 코막음해주세요.

14 2개의 스펀지를 위로 쌓은 다음, 편물로 블록 모양의 스펀지를 감싸주세요. 실과 돗바늘로 적절한 곳을 꿰매어주세요.

유아용 청키 판초

필자는 올이 굵은 이 니트 판초를 정말 좋아합니다! 만들기도 쉽고, 어디에나 어울리면서 따뜻하고, 멋지기까지 하거든요. 나무 단추로 멋을 더해주세요.

준비할 것

- 드롭스Drops Andes, 65% 울 · 35% 알파카, 초극태사, 타래당 3½온스(100g), 약 850야드(75m) : 라이트 그레이 그린 7120 4볼
- ¾인치(18mm) 길이의 핀이 62개인 21인치(53cm) 길이의 긴 뜨개룸
- 후크
- 가위
- 돗바늘
- 지름 ⅞인치(2cm)의 나무 단추 4개

사이즈

- 2-4세 사이즈
- 너비(평평한 곳에 눕혔을 때) 16½인치(42cm) x 길이(어깨에서 밑단까지) 19인치(48cm)

만드는 법

1. e-감기 방식으로 55코를 만들어주세요.

2. **1단** : 1번째 코는 건너뜁니다(깔끔한 가장자리를 위해 모든 단의 첫 코는 건너뛸 거예요). 겉뜨기 4코를 뜬 후, 겉뜨기 1코, 안뜨기 1코를 반복하여 44코를 뜨고, 겉뜨기 6코를 뜨세요.
   2단 : 1단을 반복하세요.

3. **3단** : 1번째 코는 건너뛰세요. 안뜨기 4코를 뜬 후 겉뜨기 1코, 안뜨기 1코를 반복하여 44코를 뜨고, 겉뜨기 1코, 안뜨기 5코 떠주세요.
   4단 : 3단을 반복하세요.

4. 1~4단(**2~3**번 과정)을 3회 반복하세요.

5. **17~18단** : 1번째 코를 건너뛰고, 나머지는 겉뜨기하세요.

6. **19~20단** : 1번째 코를 건너뛰고, 안뜨기 4코, 겉뜨기 45코, 안뜨기 5코 떠주세요.

7. 17~20단을 반복하여 76단을 더 떠주세요. 아이들의 키에 따라 몇 단 더 뜨거나 덜 떠도 됩니다.

8. 다음 단에서는 1번째 코를 건너뛰고, 겉뜨기 19코 뜬 후, 다음 15코를 여분의 실에 걸어준 다음 뜨개룸에서 빼주세요. 비어 있는 핀은 e-감기로 감아주고, 남은 20코를 겉뜨기해주세요.

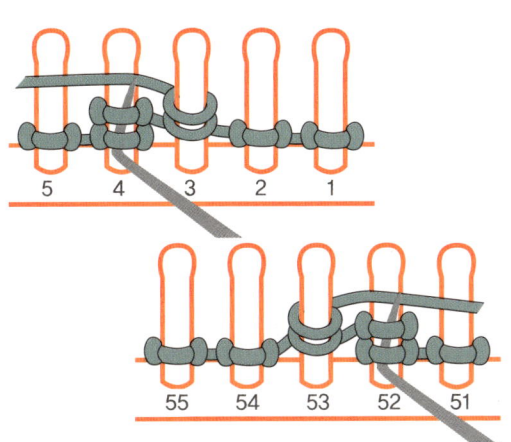

9 8~2를 역으로 반복하여 판초의 나머지 반을 만들어주세요. 그 과정 중 60단과 80단에서 각각 2개의 단춧구멍을 만들어주세요.

1번째 단춧구멍 : 3번 코를 4번 핀으로 옮기고, 비어 있는 3번 핀을 e-감기로 2번 감고, 4번 핀의 2코를 1코로 간주하여 겉뜨기하세요.

2번째 단춧구멍 : 각각 같은 단의 다른 쪽 끝에서 53번 코를 52번 핀으로 옮기고, 52번 핀의 2코를 1코로 간주하여 겉뜨기한 다음, 53번 핀을 e-감기로 2번 감아주세요.

10 코막음한 다음, 모든 실 끝을 꿰매어주세요. 단춧구멍과 잘 맞는 위치에 나무 단추를 꿰매세요.

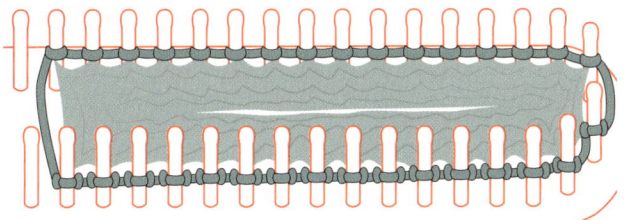

11 넥 라인을 만들어봅시다. 여분의 실에 걸어뒀던 15코와 e-감기로 만들었던 15코를 뜨개룸의 한쪽 끝에 다시 걸어서 작은 원 모양을 만들어주세요.

12 겉뜨기 1코, 안뜨기 1코 고무뜨기로 20단 떠주세요. **11**에서 뜨개룸에 걸었던 1번째 코들을 다시 핀에 걸어준 다음, 넥 라인이 2겹이 되도록 후크로 실을 넘겨 고정하세요.

13 머리 위로 입을 때 너무 타이트하지 않도록 느슨하게 코막음하세요.

CHAPTER FOUR

홈 인테리어 액세서리

알록달록한 코스터와 매트, 바구니와 전등갓 등 뜨개 액세서리

매듭 코스터

여러 가지 색이 섞인 멋들어진 끈을 모양이 잡히도록 꼬아서 매듭 코스터를 만들어봅시다. 각각의 코스터 뒷부분에 펠트를 덧대어서 코스터 모양을 고정하기 위해 꿰맨 바늘땀들을 숨겨주세요!

준비할 것

- 리코Rico Creative Melange DK, 53% 울·47% 아크릴, 병태사, 타래당 1¾온스(50g), 약 98야드(90m) : 마젠타–그린 002 1볼
- ¾인치(20mm) 길이의 핀이 5개인 지름 1인치(2.5cm)의 원형 뜨개룸
- 후크
- 가위
- 돗바늘
- 지름 약 10cm의 핑크색 원형 펠트 4장
- 핑크색 실과 바늘

사이즈
- 지름 약 10cm

만드는 법

1 e–감기 코 만들기 9페이지 참고로 5코를 만든 다음, 150cm 길이로 겉뜨기하세요.

2 모아 코막음 10페이지 참고한 다음, 모든 실 끝을 꿰매어주세요.

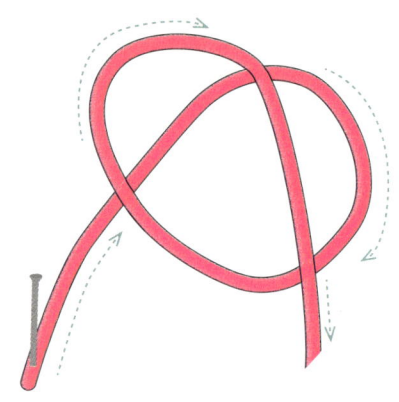

3 만들어진 끈의 한쪽 끝을 카펫과 같은 바닥에 핀으로 고정시킨 다음, 그림과 같이 감아서 고리를 만들어주세요.

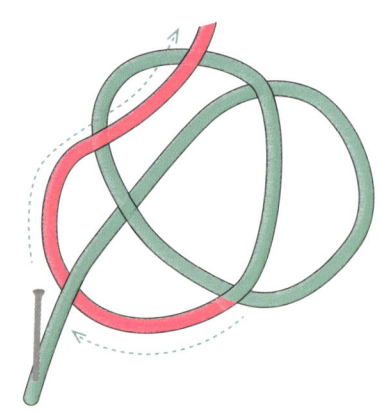

4 끈을 매듭의 1번째 부분 아래와 위로 꿰어주세요.

5 끈을 그림에서와 같이 매듭의 아래로, 위로, 아래로 꿰어주세요.

6 매듭을 두껍게 만들기 위해, 남은 끝을 3~5와 동일한 방법으로 다시 한 번 꿰어주세요.

7 매듭을 뒤집고, 끈의 끝을 디자인에 따라 둘러준 다음, 뒤쪽에서 꿰매어 주세요.

8 코스터의 뒤쪽에서 원형 펠트를 꿰매어 말끔하게 마무리해주세요. 모든 과정을 반복하여 코스터를 3개 더 만드세요.

복고풍 장식용 쿠션

이번 쿠션의 사각형들은 실을 뜨기보다는 실로 뜨개룸을 감아서 만들어집니다. 그렇지만 코바늘 쿠션을 대체할 만큼 아주 멋질 거예요.

준비할 것

- 스타일크래프트 Stylecraft Special DK, 100% 아크릴, 병태사, 타래당 3½온스(100g), 약 3220야드(295m): 바이올렛 1277(A), 엠파이어 1829(B), 푸크시아 퍼플 1827(C), 실버 1203(D), 미드나이트 1011(E) 각각 1볼
- 사각 꽃 뜨개룸 square flower loom
- 돗바늘
- US 사이즈 E/4(3.5mm) 코바늘
- 48cm짜리 정사각형 원단 2장
- 흰색 실과 바늘
- 가위
- 46cm짜리 정사각형 쿠션 솜

사이즈
- 46cm 정사각형

만드는 법

1 바이올렛(A) 실로 매듭을 만든 다음, 왼쪽 아래 모서리에서 3번째 핀에 걸어주세요.

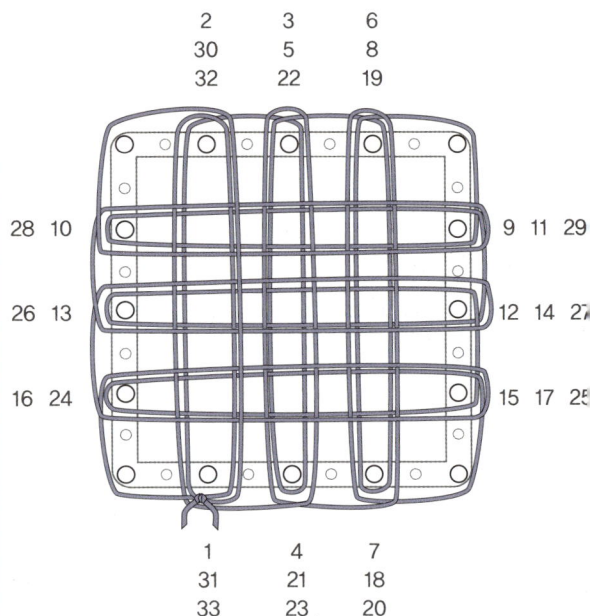

2 그림에서와 같이 숫자의 순서대로 뜨개룸을 감아주세요.

3 2를 2회 더 반복한 다음, 타래쪽 실 끝을 처음에 만들었던 매듭의 끝과 묶어서 풀어지지 않도록 해주세요.

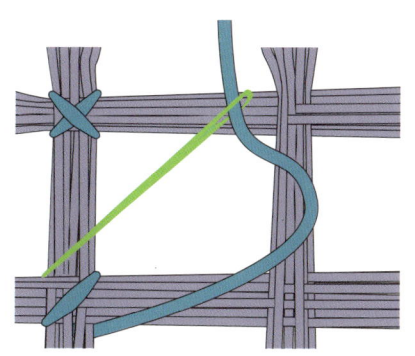

4 엠파이어(B) 실을 길게 잘라 돗바늘에 꿰어주세요. 격자무늬에서 실가닥들이 서로 교차하는 곳을 크로스스티치로 꿰매고, 풀어지지 않도록 실 끝을 꿰매는 실과 묶어주세요. 그럼 다음, 꿰매는 실을 편물 뒤쪽으로 가져와 다음 교차점을 크로스스티치로 꿰매어주세요.

5 나머지 모든 교차점을 동일한 방법으로 꿰맨 다음, 마지막에 실을 말끔히 묶어주세요.

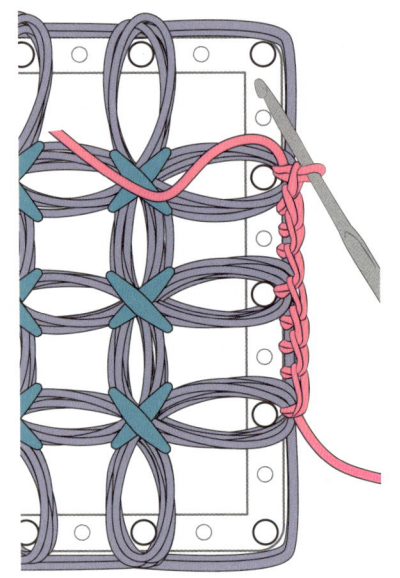

6 격자무늬의 실이 여전히 뜨개룸에 걸려있는 상태에서, 푸크시아 퍼플(C) 실로 전체 가장자리를 돌아가며 짧은뜨기 15페이지 참고 로 각 고리마다 1코씩, 각 모서리마다 9코, 각각의 고리 사이의 실을 따라 3코씩 떠주세요.

7 편물을 뜨개룸에서 빼고 다시 한 번 짧은뜨기로 각각의 면을 따라 각 코마다 1코씩, 각 모서리의 코마다 3코씩 떠주세요.

8 1~7을 3회 더 반복하여 4개의 정사각형을 만들어주세요.

9 그다음 푸크시아 퍼플(C) 실로 뜨개룸을 감고, 바이올렛(A) 실로 크로스스티치하고, 실버(C) 실로 코바늘 짧은뜨기합니다. 이렇게 8에 이어 2번째로 정사각형 4개를 만드세요.

10 3번째 정사각형 4개는 엠파이어(B) 실로 뜨개룸을 감고, 실버(D) 실로 크로스스티치, 바이올렛(A) 실로 코바늘 짧은뜨기해서 만드세요. 마지막으로 4번째 정사각형 4개는 실버(D) 실로 뜨개룸을 감고, 푸크시아 퍼플(C) 실로 크로스스티치하고, 엠파이어(B) 실로 코바늘 짧은뜨기해서 만드세요.

11 사진을 참고하여 위치를 잡은 다음, 미드나이트(E) 실을 가지고 짧은뜨기로 잇기 15페이지 참고 방법으로 만들어놓은 정사각형들을 모두 연결해서 하나의 큰 사각형을 만들어주세요. 큰 사각형의 가장자리를 따라 짧은뜨기로 미드나이트(E) 실로 한 바퀴, 엠파이어(B) 실로 한 바퀴, 푸크시아 퍼플(C) 실로 한 바퀴, 실버(D) 실로 한 바퀴, 바이올렛(A) 실로 한 바퀴 떠주세요.

12 사각 모양과 완성 사이즈를 유지하기 위해 스팀다리미로 다려주세요.

13 준비해둔 2장의 원단을 앞면이 서로 맞닿도록 겹쳐놓고 3면을 백 스티치로 꿰매거나 재봉틀로 꿰매어주세요.

14 원단의 앞면이 밖으로 나오도록 뒤집어서 다린 다음, 쿠션 솜을 넣어주세요. 아직 꿰매지 않은 쪽의 가장자리를 접은 다음 꿰매세요.

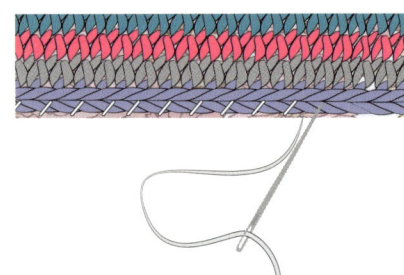

15 미리 만들어둔 정사각형 편물을 쿠션의 한 쪽에 두고 모든 가장자리를 함께 꿰매면 완성입니다.

행잉 화분 걸이

마크라메 화분걸이가 요즘 유행이에요. 마크라메에 사용되는 패턴을 가지고 자신만의 버전을 만들어 볼 수도 있어요. 화장실에 하나만 걸거나, 또는 여러 개를 동시에 걸어도 아주 멋지답니다.

준비할 것

- ⅛인치(3mm) 크림색 끈 11온스(300g)
- ½인치(18mm) 길이의 핀이 24개인 지름 4¾인치(12cm)의 원형 뜨개룸
- 후크
- 돗바늘
- 12 x 2.5cm 크기의 두꺼운 종이
- 흰색 실과 바늘
- 가위
- 길이 14cm, 지름 12cm짜리 철제 화분

사이즈

- 태슬 제외 길이 50cm

만드는 법

1. 매듭을 만들어 뜨개룸의 1번째 핀에 걸어주세요. e-감기 방식으로 24코를 만드세요.

2. 그림에서와 같이 1번째 핀을 1번, 오른쪽 방향으로 다음 2개의 핀을 2번, 3번으로 번호를 매겨주세요.

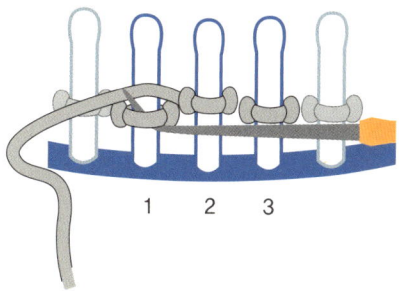

3. 1번 핀의 코를 겉뜨기하세요.

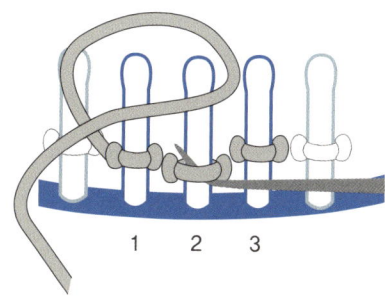

4. 실로 2개의 핀을 모두 감고 2번과 1번 핀의 코를 겉뜨기하세요.

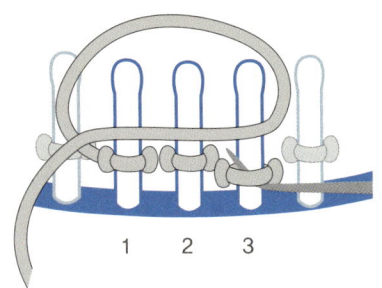

5 실로 3개의 핀을 모두 감고 3번, 2번, 1번의 코를 겉뜨기하세요.

6 3~5가 코를 뜨는 순서입니다. 핀의 번호를 왼쪽으로 하나씩 밀어 다시 매겨주세요. 즉 1번 핀이 2번, 2번 핀의 왼쪽 옆의 핀이 1번, 2번 핀이 3번이 됩니다. 이 3개의 핀으로 코를 뜨는 순서를 반복하세요.

7 이런 방법으로 전체 뜨개룸을 돌아가며 떠주세요. 편물의 길이가 14cm가 될 때까지 반복하세요.

8 이제 줄일 차례입니다. 하나 걸러 한 코씩 옆 핀에 걸어주면, 하나 걸러 핀마다 2코가 걸려 있게 됩니다. 2단 겉뜨기하세요.

9 모아 코막음 방법으로 코를 막아주세요.

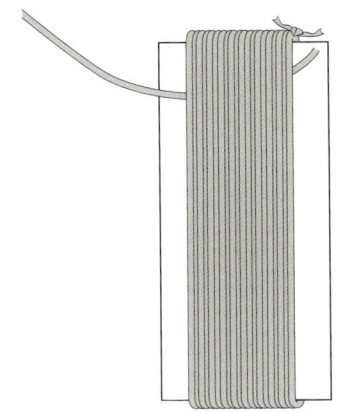

10 태슬을 만들어봅시다. 준비해둔 두꺼운 종이의 세로 길이로 끈을 20번 정도 감으세요. 20cm 길이의 끈을 고리에 통과시켜주세요.

11 고리에 통과시킨 짧은 끈을 고리의 맨 윗부분에서 단단히 매듭 지으세요. 종이를 빼낸 다음, 다른 끈으로 태슬의 목 부분을 감아 풀어지지 않도록 단단히 당기고 실 끝을 태슬 사이로 꿰어주세요. 태슬의 끝부분 실들도 잘라준 다음, 실 끝을 풀어 태슬을 더 풍성하게 만들어주세요.

12 태슬을 화분걸이 밑면에 꿰매거나 묶어주세요.

13 끈을 1.5m 길이로 9개 잘라주세요. 그 중 3개를 화분걸이의 맨 위 가장자리의 적당한 구멍에 꿰어준 다음 반으로 접어서 땋아주세요. 그렇게 되면 땋을 때 필요한 3줄은 각각 끈 2가닥이 됩니다.

14 나머지 6개의 끈도 3개씩 나누어 위의 과정을 반복하세요. 화분걸이의 맨 위 가장자리에서 나온 3개의 땋은 실의 간격을 고르게 맞춰주세요.

15 3개의 땋은 실 끝을 고리 모양으로 만든 다음, 다른 실로 고리 모양을 감고 목 부분도 감아주면 걸 수 있는 고리가 만들어집니다. 감은 실 부분이 풀어지지 않도록 바느질실과 바늘로 잘 꿰매세요. 화분을 화분걸이에 넣어주면 이제 준비는 끝났어요. 식물만 화분에 심어주면 됩니다.

쥬트 수납 바구니

코들을 조합하여 옆면에는 바구니뜨기 무늬가 나타나는 귀여운 투톤의 수납함입니다. 작은 물건들을 보관하기에 제격입니다.

준비할 것

- 청록색 황마실(A) 550야드(50m) 타래
- 염색하지 않은 황마실(B) 1110야드(100m) 타래
- ⅜인치(9mm) 길이의 핀이 56개인 8½인치 (22cm) 길이의 긴 뜨개룸
- US 사이즈 E/4(3.5mm) 코바늘
- 후크
- 돗바늘
- 가위

사이즈

- 가장 넓은 부분 15cm

만드는 법

1 청록색 황마실(A)로 매듭을 만들어 뜨개룸의 첫 번째 핀에 걸어주세요. 케이블 코 만들기 8페이지 참고 방법으로 56코를 만들어주세요.

2 1단 : 전체 뜨개룸을 겉뜨기하세요.

3 2~4단 : 안뜨기 5코, 겉뜨기 3코를 전체 뜨개룸을 돌아가며 반복하세요.

4 5단 : 전체 뜨개룸을 겉뜨기하세요.

5 6~8단 : 안뜨기 1코, 겉뜨기 3코, 안뜨기 5코를 전체 뜨개룸을 돌아가며 반복하세요.

6 2~5를 3회 더 반복하세요.

7 실을 염색하지 않은 황마실(B)로 바꾼 다음, 2~5를 2회 더 반복하세요.

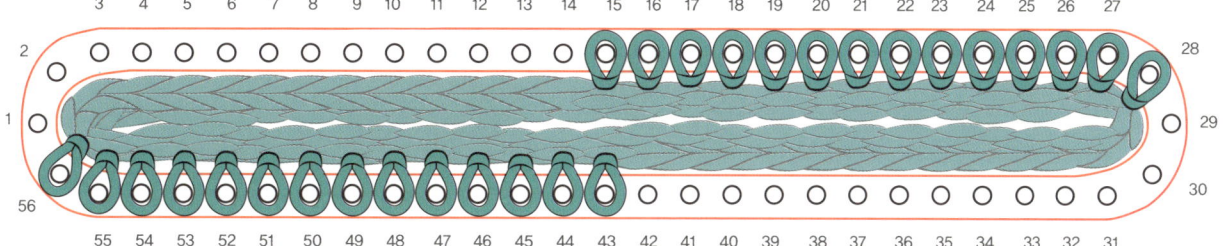

8 1~14번의 코는 코막음, 15~28번의 코는 겉뜨기, 29~42번의 코는 코막음, 43~56번의 코는 뜨개룸에 그대로 남겨두고 뜨지 마세요.

9 바구니의 밑면을 만들기 위해 15~28번의 코들을 단마다 앞뒤로 방향을 바꿔가며 계속해서 겉뜨기하세요. 밑면의 길이가 바구니의 높이와 같아질 때까지(약 10cm) 떠주세요.

10 후크로 15~28번의 코를 56~43번의 코에 걸어주세요. 이때 순서가 바뀌지 않도록 주의하세요. 그런 다음 함께 코막음하면, 밑면의 한쪽이 옆면과 연결됩니다.

11 나머지 양쪽 솔기도 밑면의 양쪽으로 꿰매어주면 완성입니다.

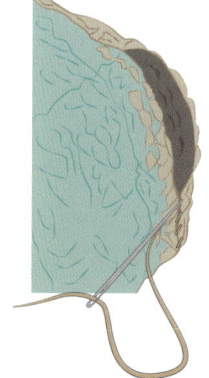

여우 모양 저장병

이 귀여운 여우 저장병은 선반에 활기를 불어넣어줄 거예요! 주방이나 작업실에 두기에 딱이죠. 이제 옷을 입지 않은 병은 상상도 할 수 없을 거예요.

준비할 것

- 베르제르 Bergere de France Estivale, 50% 아크릴, 29% 폴리에스테르, 21% 대마, 합태사 sportweight (lightweight DK) yarn, 타래당 1¾ 온스(50g), 약 1560야드 (143m) : 샤르판 29687 1볼
- 검은색 실 약간
- ¼ 인치(6mm) 길이의 핀이 60개인 7¼ x 2인치(18 x 5cm) 사이즈의 양말 뜨개틀
- US 사이즈 E/4(3.5mm) 코바늘
- 후크
- 가위
- 돗바늘
- 지름 12mm짜리 초록색 단추 2개
- 크림색 펠트
- 검은색 펠트

사이즈

- 길이 10cm, (뚫린 쪽 기준) 지름 약 12cm

만드는 법

1 먼저 귀부터 만들어봅시다. 2개의 코를 8번과 9번 핀에 만들어주세요. 가터스티치(겉뜨기 1단, 안뜨기 1단)로 4단 떠주세요. 9번 핀의 코를 10번 핀으로 옮겨주세요.

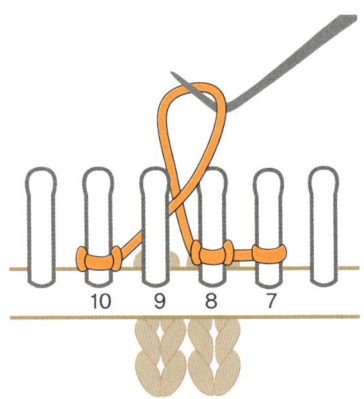

2 단 끝의 고리를 주워서 꼬아준 다음 7번 핀에 걸어주세요. 그런 다음, 10번과 8번 핀 사이의 실을 주워 꼬아준 다음 9번 핀에 걸어주세요.

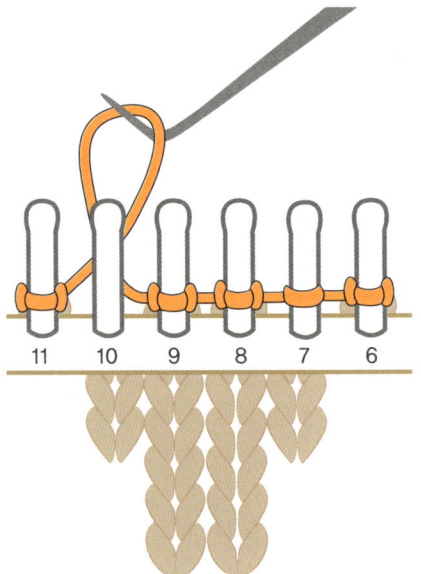

3 가터스티치로 6단 떠주세요. 7번 코를 6번 핀으로 옮기고, 10번 코를 11번 핀으로 옮겨주세요. 코들 사이의 실을 주워 꼬아준 다음 비어 있는 핀에 각각 걸어주세요.

----

4 가터스티치로 2단 떠주세요. 실 꼬리를 길게 남기고 실을 잘라주세요.

----

5 2개의 코를 17번과 18번 핀에 만드세요. 가터스티치로 4단 떠주세요. 18번 핀의 코를 19번 핀으로 옮기세요. 17번과 19번 핀 사이의 실을 주워 18번 핀에 걸어주세요. 그다음 단 끝의 고리를 주워 16번 핀에 걸어주세요. 가터스티치로 6단 떠주세요.
16번 코를 15번 핀으로 옮기고, 19번 코를 20번 핀으로 옮겨주세요. 코들 사이의 실을 주워 꼬아준 다음 비어 있는 핀에 각각 걸어주세요. **4**를 반복하세요.

----

6 1번 핀에 실을 걸고 모든 핀에 1코씩 코를 만들고, 양쪽 귀 부분은 겉뜨기하세요. 그럼 60개 핀 모두에 코가 걸리게 됩니다. 가터스티치로 40단 떠주세요.

----

7 이제 줄여줄 차례입니다. 25번과 55번 핀에서 겉뜨기로 2코 모아뜨기하세요. 양쪽에서 1코씩 코를 옮기고, 뜨개룸의 사이즈를 58코로 줄여주세요. 가터스티치로 2단 떠주세요.

-----

8 1번과 29번 핀에서 겉뜨기로 2코 모아뜨기하여 다시 한 번 줄여주세요. 양쪽에서 1코씩 코를 옮기고, 뜨개룸의 사이즈를 56코로 줄여주세요.

----

9 코를 줄이는 쪽을 번갈아가며 뜨개룸에 34코만 남을 때까지 **6~7**을 반복하세요.

----

10 겉뜨기 4코를 뜬 후, 겉뜨기로 2코 모아뜨기, 겉뜨기 1코를 반복하여 끝까지 뜨면 24코가 남습니다. 가터스티치로 2단 떠주세요.

----

11 겉뜨기로 2코 모아뜨기, 겉뜨기 1코를 반복하여 끝까지 뜨면 16코가 남습니다. 가터스티치로 2단 떠주세요.

-----

12 모아 코막음하세요.

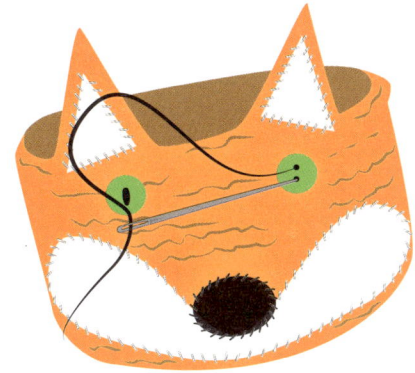

13 122페이지의 도안에 따라 크림색 펠트로 뺨과 귀 모양을, 검은색 펠트로 코 모양을 잘라준 다음, 얼굴에 꿰매어주세요. 녹색 단추를 달아 눈을 만드세요.

----

14 검은색 실로 귀 주위를 짧은뜨기나 블랭킷 스티치로 떠주면 완성입니다.

바구니뜨기 무늬 전등갓

성긴 짜임의 코는 빛이 통과되어 나올 수 있기 때문에 전등갓으로 제격이에요. 가지고 있는 전등갓에 맞추어 패턴을 약간 수정해도 괜찮아요.

준비할 것

- 얀 앤 컬러스 얼반Yarn and Colors Urban, 15% 울 · 85% 아크릴, 초극태사, 타래당 7온스(200g), 약 660야드(60m)
  : 걸리 핑크 035 1볼
- ¾인치(18mm) 길이의 핀이 32개인 지름 6¼인치(16cm)의 원형 뜨개룸
- US 사이즈 E/4 (3.5mm) 코바늘
- 후크
- 가위
- 돗바늘
- 바늘과 보라색 실
- 길이 23cm, 지름 13cm짜리 전등갓

사이즈

- 길이 23cm

만드는 법

1 케이블 코 만들기(8페이지 참고)방식으로 32코를 만들어주세요.

2 겉뜨기로 5단 떠주세요.

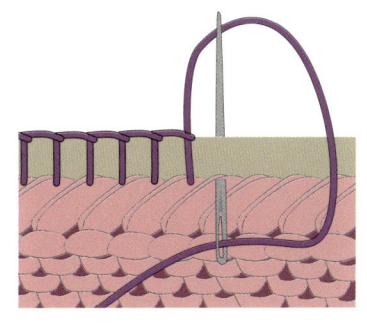

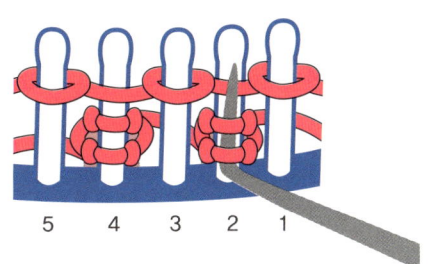

3 **1번째 바퀴** : 전체 뜨개룸을 돌아가며 홀수 핀의 코들을 짝수 핀으로 옮겨주세요. 비어 있는 핀을 e-감기로 감고, 짝수 핀의 2코를 1코로 간주하여 겉뜨기하세요.

4 **2~4번째 바퀴** : 안뜨기 2코, 겉뜨기 1코, 안뜨기 1코를 반복하여 전체 뜨개룸을 떠주세요.

5 **5번째 바퀴** : 1번째 바퀴(3번 과정)를 반복하세요.

6 **6~8번째 바퀴** : 겉뜨기 1코, 안뜨기 3코를 반복하여 전체 뜨개룸을 떠주세요.

7 1~8번째 바퀴(3~6번 과정)를 3회 더 반복하세요.

8 코막음하세요.

9 완성된 커버로 전등갓을 씌운 다음, 위아래 가장자리를 돌아가며 보라색 실로 블랭킷 스티치를 떠주세요.

청키 니트 푸프

뜨개로 만든 푸프가 유행이에요. 마크라메 끈과 가지고 있는 가장 큰 뜨개룸으로 나만의 푸프를 만들어보세요!

준비할 것

- ¼인치(5mm) 굵기의 염색하지 않은 100% 면 마크라메 끈 1650야드(150m)
- ¾인치(18mm) 길이의 핀이 61개인 지름 21인치(53cm)의 원형 뜨개룸
- 후크
- 다이론 손염색용 염료, 프렌치 라벤더, 퓨터 그레이 각각 1개
- 소금
- 가위
- 크림색 플리스 원단
- 바느질 바늘, 재봉틀과 크림색 실
- 솜

사이즈

- 지름 약 26cm

만드는 법

1 먼저 끈을 염색해봅시다. 라벤더 색상의 염료와 퓨터 그레이 ¼, 소금을 상자에 적혀있는 사용법에 따라 섞어주세요. 끈을 느슨하게 감은 다음 사용법에 따라 염색하고 헹궈주세요. 사진에서 보이는 끈은 너무 꽉 묶여있는 바람에 타래 전체가 염색되지 못해서 색이 섞이는 효과가 나타나게 되었어요. 실에 어떤 효과를 줄 것인지는 전적으로 여러분에게 달려 있어요. 실이 마르면 이제 뜨개를 시작할 수 있답니다!

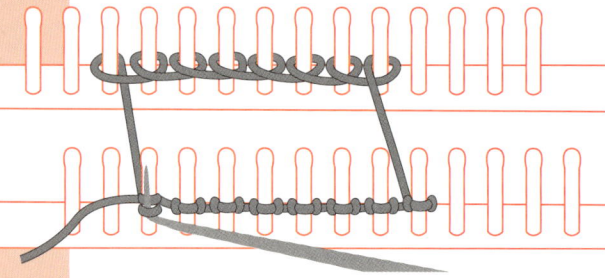

2 뜨개룸의 중앙 부분에 e-감기 기법으로 16코를 만드세요. 3단 겉뜨기로 떠주세요.

3 4코를 늘려봅시다. 맨 끝에 있는 모든 2코를 바깥쪽으로 한 핀씩 옮겨준 다음, 밑단의 실을 주워 꼬아서 핀에 걸어주세요. 이제 20코가 되었습니다. 안뜨기로 3단 떠주세요.

4 3과 동일한 방법으로 다시 4코를 늘려주세요. 이제 24코가 되었습니다. 안뜨기로 3단 떠주세요.

5 3~4를 2회 더 반복하세요. 이제 32코가 되었습니다.

6 3~4를 다시 반복하면서, 이번에는 일정한 간격으로 6코씩 4번 늘려주세요. 이제 56코가 되었습니다.

7 겉뜨기 3단, 안뜨기 3단, 겉뜨기 3단 떠주세요.

8 이제 6~3을 역으로 반복하세요. 하지만 이번에는 코를 늘리는 대신, 6을 반복할 때 겉뜨기로 2코 모아뜨기를 6번, 5~3을 반복할 때 겉뜨기로 2코 모아뜨기를 4번 해주세요. 코를 줄일 때 구멍이 생기지 않도록 코들을 서로 가깝게 옮겨주세요.

9 모아 코막음하세요.

10 123페이지의 도안에 따라 플리스 원단을 6조각과 2개의 원 모양으로 잘라주세요. "꽃잎"모양의 조각들을 서로 꿰매어 튜브 모양으로 만드세요.

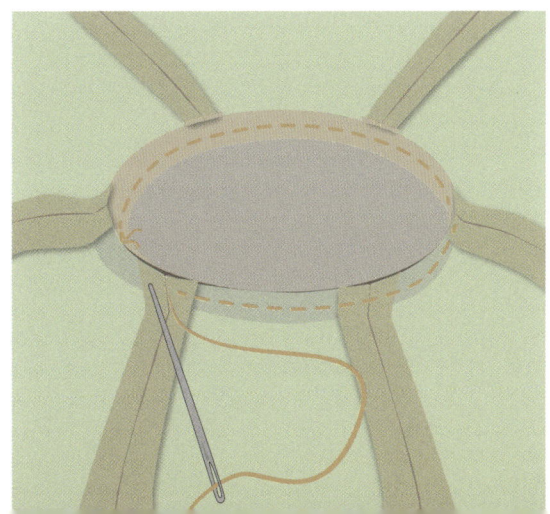

11 원 모양 1개를 튜브 모양의 윗부분의 안쪽에 대고 꿰매어주세요.
-----

12 플리스 원단으로 만든 빈 안감을 밑에서부터 푸프의 안쪽으로 넣어주세요. 솜을 채워 넣으세요. 남은 원 모양의 플리스 원단을 안감 바닥의 뚫려 있는 구멍 안쪽으로 넣고 꿰매면 완성입니다.

위빙 식탁 매트

실을 떠서 만들기보다는 엮어서 만드는 또 다른 작품으로, 뜨개룸으로 만드는 작품들 중 단연 눈에 띌 거예요! 이 특이한 식탁 매트의 매력은 여러 가지 색이 섞여 있는 실입니다. 좀 더 작은 사이즈의 뜨개룸으로 매트와 어울리는 코스터도 만들어보세요.

준비할 것

- 제임스 James C. Brett Party Time, 100% 아크릴, 극태사, 타래당 3½온스(100g), 약 1680야드(154m) : PT8 1볼
- ¾인치(20mm) 길이의 핀이 41개인 지름 10½인치(27cm)의 원형 뜨개룸
- 후크
- 가위
- 돗바늘
- 핑크색 실과 재봉틀

사이즈

- 지름 약 24cm

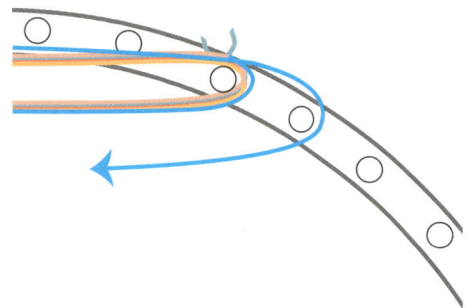

만드는 법

1 실을 '감는 것'으로 시작해볼게요. 뜨개룸의 16쌍 핀들을 실로 감아줄 거예요. 각각의 쌍을 5번씩 감아주세요.

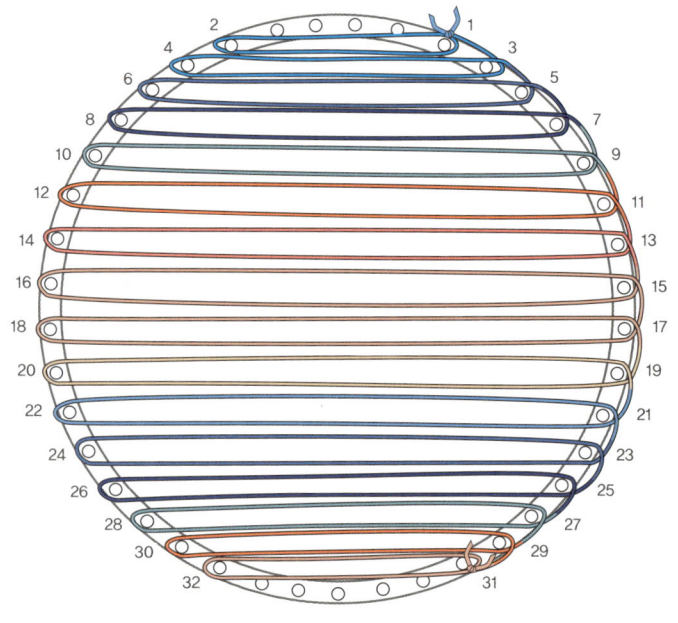

2 전체 뜨개룸에 반복하세요.

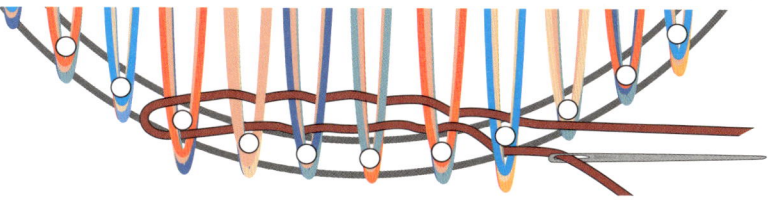 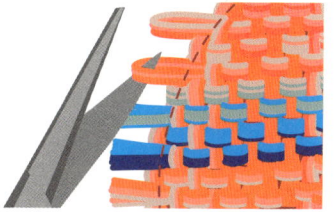

3 실을 150cm 길이로 잘라서 돗바늘에 꿰어주세요. 감은 실의 방향이 수직이 되도록 뜨개룸을 돌려주세요. 맨 아래에서부터 감은 실의 위아래를 번갈아가며 실을 꿰어주세요. 먼저 핀의 위쪽으로 실을 꿰어준 다음 핀의 아래쪽으로 꿰어주어야 한다는 점을 명심하세요.
다음 수평의 한 쌍의 핀으로 옮겨가기 전에 5회 반복하세요.

4 뜨개룸이 모두 채워질 때까지 계속해서 앞뒤로 엮어주세요. 다 채워지면 뜨개룸에서 빼낸 다음 재봉틀로 가장자리를 박아주세요.

5 고리 모양의 가장자리를 잘라서 말끔한 술 모양으로 만들어주세요.

6 위 과정을 반복하여 매트를 더 만드세요. 1타래의 실로 2개의 매트를 만들 수 있어요.

도안

모든 도안은 100% 크기로 인쇄되어 있으므로 확대할 필요가 없습니다. 도안을 복사기로 복사하거나 투사지나 연필로 베낀 다음 잘라주세요.

여우저장병 110페이지

귀 2개

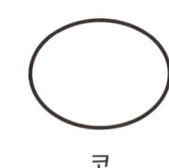

코

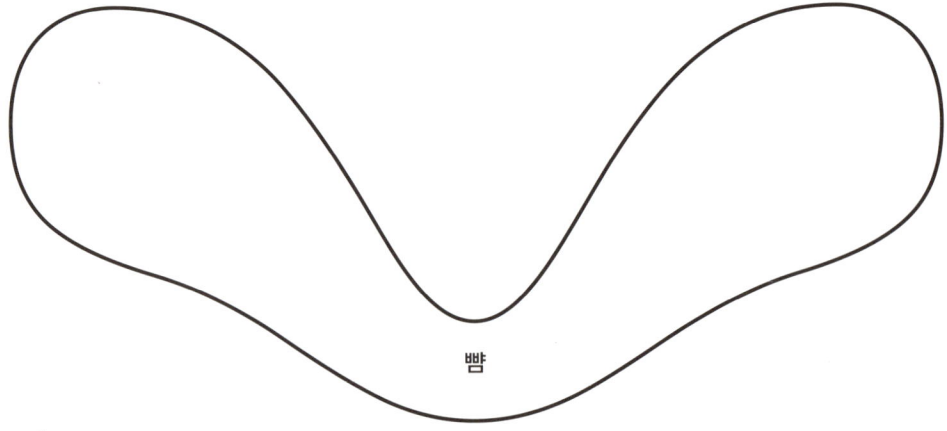

뺨

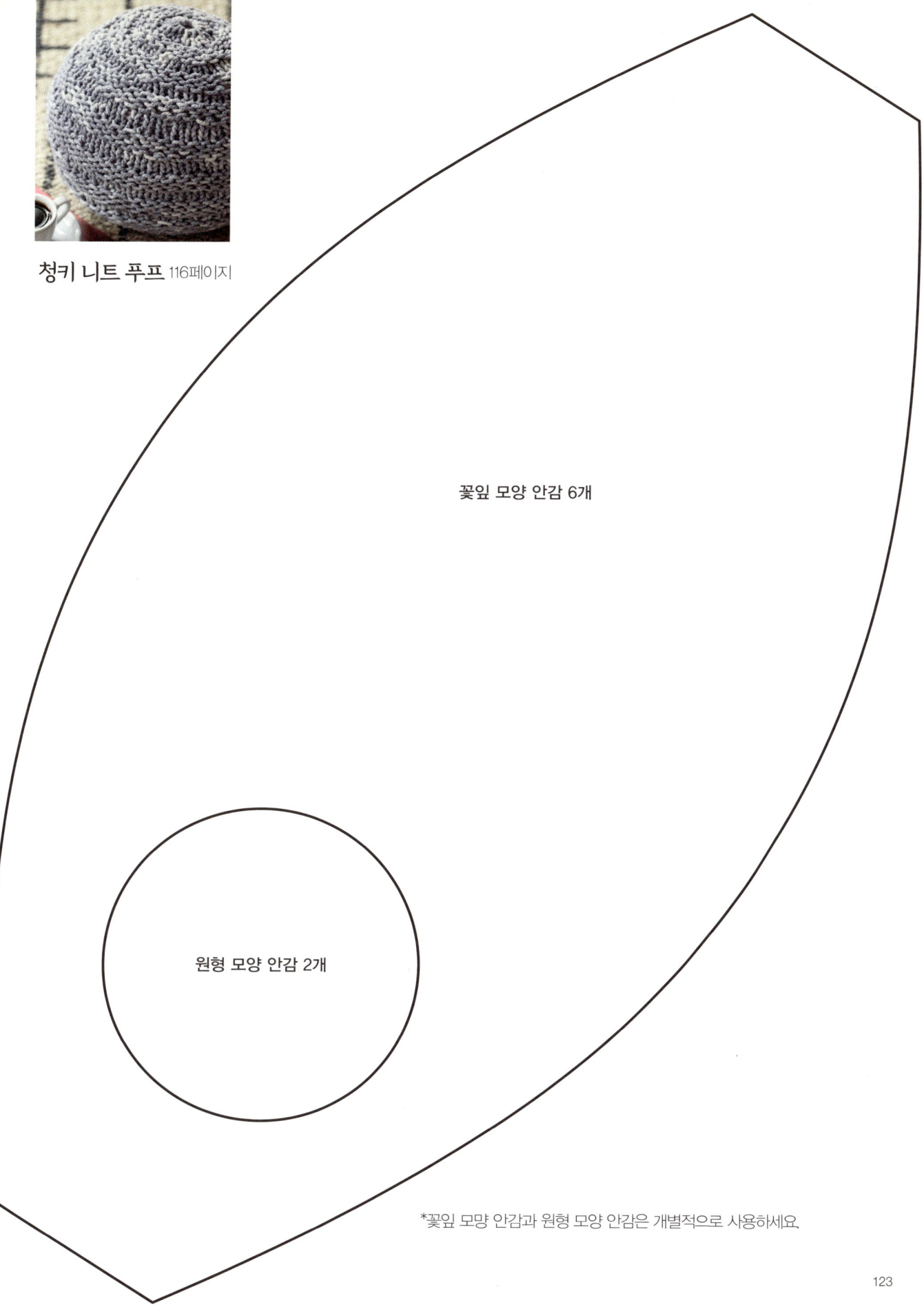

정글 손가락 인형 89페이지

원숭이 얼굴

코끼리 코

사자 얼굴

오리가미 가방 64페이지

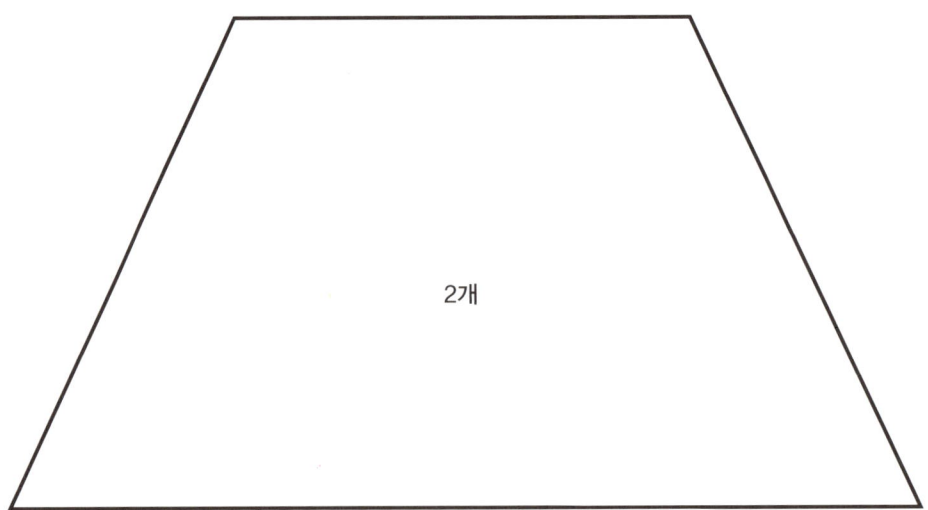

2개

스웨이드&실크 클러치 54페이지

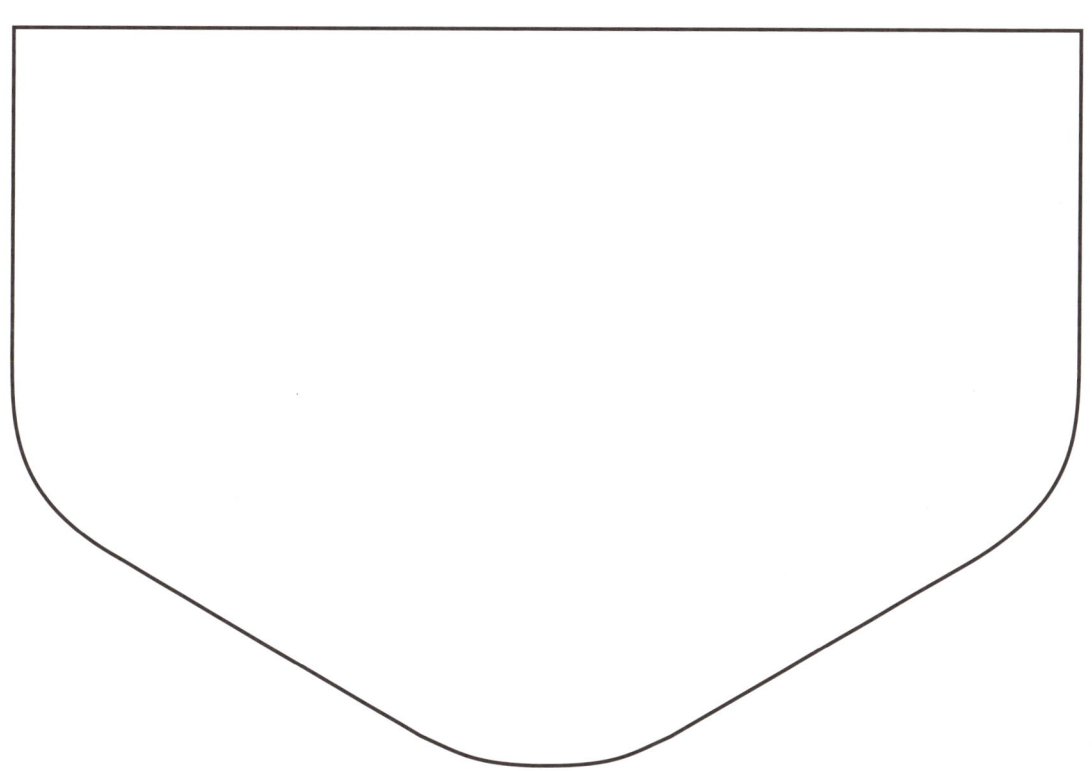

재료 구매처

북미

A.C. Moore
www.acmoore.com

Britex Fabrics
www.britexfabrics.com

Buyfabrics
www.buyfabrics.com

Fabricland
www.fabricland.com

Hobby Lobby
www.hobbylobby.com

Jo-Ann Fabric and Craft Store
www.joann.com

Knitting Fever
www.knittingfever.com

Michaels
www.michaels.com

Purl Soho
www.purlsoho.com

영국

Abakhan Fabrics Hobby Home
www.abakhan.co.uk

Crafty Crocodiles
www.craftycrocodiles.co.uk

Deramores
www.deramores.com

Hobbycraft
www.hobbycraft.co.uk

John Lewis
www.johnlewis.com

Love Knitting
www.loveknitting.com

My Fabrics
www.myfabrics.co.uk

Wool Warehouse
www.woolwarehouse.co.uk

감사의 글

CICO BOOKS 관계자 여러분들, 특히 저에게 맨 먼저 연락을 취해준 페니 크레이그에게 깊은 감사를 전합니다. 또한 저와 함께 이렇게 멋진 책을 만들어 준 사내 편집자 안나 갈키나, 편집자 마리 클레이턴, 일러스트레이터 루이즈 터핀에게도 감사의 인사를 전합니다. 덕분에 책의 사진과 스타일링이 아주 멋지게 완성되었습니다.

이 책을 만들기 위해 뜨개를 하고 글을 쓰는 동안 아이들을 돌봐준 나의 남편 제이미와 시어머니 수의 도움이 없었다면 이 책을 완성할 수 없었을 것입니다. 감사를 전합니다.

First published in the United Kingdom in 2018
under the title Loom Knitting by Cico Books, an imprint of Ryland Peters & Small Ltd
20-21 Jockey's Fields
London WC1R 4BW
All rights reserved.
Korean translation copyright © 2018 Yemun Publishing co., Ltd.
Korean language edition arranged through KOLEEN AGENCY, Korea.
All rights reserved.

이 책의 한국어판 저작권은 콜린 에이전시를 통해 저작권자와 독점 계약한 (주)도서출판 예문에 있습니다.
신 저작권법에 의해 한국 내에서 보호를 받는 저작물이므로 무단 전재와 무단 복제를 금합니다.

룸니팅

초판 1쇄 인쇄일 2018년 12월 24일 • 초판 1쇄 발행일 2018년 12월 28일

지은이 루시 호핑 • 옮긴이 임윤경
펴낸곳 도서출판 예문 • 펴낸이 이주현
등록번호 제307-2009-48호 • 등록일 1995년 3월 22일 • 전화 02-765-2306
팩스 02-765-9306 • 홈페이지 www.yemun.co.kr
주소 서울시 강북구 솔샘로67길 62(미아동, 코리아나빌딩) 904호

ISBN 978-89-5659-354-8 13630

저작권법에 따라 보호받는 저작물이므로 무단전재와 복제를 금하며,
이 책 내용의 전부 또는 일부를 이용하려면 반드시 저작권자와
(주)도서출판 예문의 동의를 받아야 합니다.